논·술·세·계·대·표·문·학

55

분노의 포도

존 스타인벡 | 박상란 엮음

훈민출판사

스타인벡의 생가

The Best World Literature

중국 식당에서의 스타인벡 (왼쪽)

생가 2층의 방

스타인벡의 다른 작품인 〈에덴의 동쪽〉이 영화로 만들어졌다.

왕성한 작품 활동을 하던 때의 스타인벡의 모습

스타인벡의 흉상

스타인벡의 고향 캘리포니아의 멋진 경치

이주 자동차 - 1930년대 미국에 대공황이 발생하자, 많은 농민들이 농토를 버리고 캘리포니아로 이주했다. 당시 이사에 쓰였던 차의 모습이다.

〈분노의 포도〉에서 포도가 상징하는 것은 캘리포니아의 포도 농장에서 일하는 노동자들이다.

The Best World Literature

〈분노의 포도〉 초판본의 표지

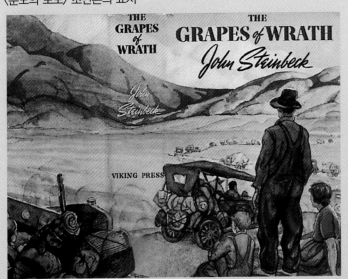

영화 〈분노의 포도〉에서 조드 일가의 모습

구인환(丘仁煥)

서울대학교 사범대학 졸업. 동 대학원 졸업(문학박사)
서울대학교 명예교수, 소설가(현). 서울대학교 사범대학 국어교육연구소 소장(현)
문학과문학교육연구소 소장(현). 국제펜 한국본부 부회장(현)
한국소설문학상(1987). 예술문화대상(1994). 한국문학상(2000)
작품 〈숨쉬는 영정〉, 〈살아 있는 날들〉, 〈일어서는 산〉 외 다수

- **저서** 《한국단편소설의 이해》, 《한국현대소설의 비평적 성찰》,
  《고교생이 알아야 할 소설》, 《고교생이 알아야 할 세계단편소설》 외 다수

윤병로(尹柄魯)

성균관대학교 국어국문학과 졸업. 동 대학원 졸업(문학박사)
성균관대학교 교수, 문학평론가(현). 한국현대소설학회장(현)
한국문예학술저작권협회 이사(현). 한국간행물윤리위원회 위원(현)
한국펜 문학상(1987). 한국문학상(1988). 대한민국문학상(1989)
수필집 《나의 작은 애인들》 외 다수

- **저서** 《현대 작가론》, 《한국 현대 소설의 탐구》,
  《한국 근대 작가 작품 연구》, 《한국 현대 작가의 문제작 평설》 외 다수

홍성암(洪性岩)

고려대학교 국어국문학과 졸업. 한양대학교 대학원 국어국문학과 졸업(문학박사)
동덕여자대학교 교수, 소설가(현). 한국문인협회 회원(현)
한국소설가협회 이사(현). 국제펜 한국본부 소설분과 이사(현). 한민족 문화학회 회장(현)
창작집 《큰 물로 가는 큰 고기》, 《어떤 귀향》 외
대하역사소설 《남한산성》 (전9권) 외 다수

- **저서** 《문학의 이해》, 《현대 작가론》, 《한국 근대 역사소설 연구》 외 다수

기
획
·
감
수

제임스 딘이 주연한 영화 〈에덴의 동쪽〉의 한 장면

논술 세계대표문학을 펴내며

21세기의 사회는 '전자 문명 시대'라 일컬어질 만큼 오늘날 전자 산업은 우리 생활의 거의 모든 분야에 다양하게 응용되고 있습니다. 출판 분야 또한 예외는 아니어서, 종래의 서책(Book) 대신에 이른바 '전자책(CD-ROM)'의 출간이 최근 들어 날로 증가하고 있습니다.

그러나 이러한 전자책은 영상 또는 모니터상으로 흥미 위주나 백과사전식 지식을 습득하는 데는 효과적일지 모르지만, 문학 공부를 위해서는 별로 도움이 되지 않습니다. 바꾸어 말하면, 문학 공부는 각 지면마다 살아 숨쉬는 표현 하나하나를 독자 자신의 머리로 음미하면서 작품을 읽어 나가는 가운데, 풍부한 상상력의 배양과 함께 작가의 의도와 그 작품의 내면을 깊이 있게 이해함으로써 이루어지는 것입니다.

이에 훈민출판사에서는, 자라나는 학생들이 범람하는 영상 매체에 길들여지기 전에, 어려서부터 유명한 세계문학 작품들을 책자를 통하여 감명 깊게 읽고 감상함으로써, 올바른 문학 공부의 기틀을 다지고, 아울러 전인 교육도 할 수 있도록 《논술 세계대표문학(전60권)》을 펴내게 되었습니다.

작품 선정은, 초 · 중 · 고등학교 국어 교과서와 역사 교과서에 실리거나 소개된 문학 작품을 중심으로 하되, 그리스 신화와 성경 이야기 등의 고전에서부터 중세 · 근대 · 현대에 이르기까지 세르반테스 · 셰익스피어 · 톨스토이 등 세계 유명 작가들의 장 · 단편 소설들을 엄선 · 수록하였습니다. 또 세계의 명시도 별권으로 엮었으며, 특히 각 단락마다 '논술 문제'를 제시하여, 장차 대학입시를 비롯한 각종 '논술 고사'에 예비 지식을 쌓을 수 있도록 배려하였습니다. 아무쪼록, 이 《논술 세계대표문학(전60권)》이 자라나는 학생들에게 문학 공부의 주춧돌이 되고, 나아가 미래를 살아가는 데 정신적 자양분이 되기를 진심으로 바라 마지않습니다.

훈민출판사

차례

분노의 포도

스타인벡

지은이

1902~1968년. 미국 캘리포니아 주 새리너스에서 출생. 스탠포드 대학교 생물
학과에 진학한 스타인벡은 어려운 가정 환경으로 인해 학교를 자퇴했다. 그 후 신
문 기자로도 활동했으나, 주관적인 기사로 인해 해고되자 막노동을 하면서 글을 쓰
기도 했다. 1940년 〈분노의 포도〉로 퓰리처 상을 수상함으로써 자신의 명성을 확
고히 하게 된 스타인벡은, 1962년에는 〈에덴의 동쪽〉으로 노벨 문학상을 수상하
기도 했다.

분노의 포도

1

　오클라호마의 붉은 지대와 잿빛 지대에 마지막 비가 부드럽게 내렸다. 이 비로 옥수수는 쑥쑥 자랐다. 옥수수의 푸른 잎사귀들 덕에 잿빛 땅이 가려졌다. 하지만 다시 비가 오지 않자, 도랑은 이내 말라붙었다. 뜨거운 햇볕이 매일 사정없이 내리쬐는 바람에 옥수수도 차츰 시들어 갔다.

　어느새 6월이 왔다. 대지는 하루가 다르게 그 빛이 퇴색해 가고, 땅의 윤기도 사라졌다. 바람은 거세게 불어, 돌풍이 일어날 기세였다. 밤이 되자, 바람은 더욱 세차게 대지를 휩쓸었다.

　잿빛 하늘에 붉은 태양이 떠올랐으나, 석양처럼 간신히 약간의 빛을 던져 줄 뿐이었다. 흙먼지 때문에 집집마다 문을 굳게 닫아걸고, 문과 창문 주위에는 천을 꼭꼭 끼워 놓았다. 그래도 흙먼지는 실내에 들어와 의자와 테이블, 쟁반 위에 내려앉았다.

　한밤중이 되자 바람은 자고, 대지는 다시 조용해졌다. 사람들은 잠자리에서 몸을 뒤척이며 아침이 오기를 기다렸다. 아침이 되어도, 마을은 안개처럼 뿌연 흙먼지로 뒤덮여 있었다. 다음날도 마찬가지였다.

　사람들은 집에서 나와 뜨겁고 독한 공기를 맡고는 코를 틀어막았다. 아이들도 집에서 나왔다. 하지만 뛰어다니거나 소리치는 아이는 없었다. 남자들은 울타리 옆에 서서 못쓰게 된 옥수수 줄기를 바라보았다. 옥수수는 빠르게 말라 가고 있었다. 여자들도 걱정스러운 표정으로 집 안에서 나와 남자들 곁에 섰다. 그리고 조심스럽게 자기 남편의 표정을 살폈다. 잠시 후 사내들의 얼굴에 떠올랐던 막막하고 어두운 표정은, 다부지고 화가 난 듯한 저항적인 표정으로 바뀌었다. 여자들은 그제서야 안도의 숨을 내쉬었다. 아무리 큰 불행이 닥쳐와도, 남편들이 버텨 준다면 얼마든지 견딜 수 있다는 것을 그녀들은 알고 있었던 것이다.

2

빨간색 칠을 한 트럭이 길가의 조그만 식당 앞에 서 있었다. 이 트럭에는 '오클라호마 시티 운송회사'라고 씌어 있었다. 식당에서는 라디오 소리가 흘러나오고 있었다. 조용한 댄스곡이었다. 식당 안에서는 트럭 운전사 한 명이 기운이 없어 보이는 여자 종업원을 건너다 보고 있었다. 남자는 건방지고 나른한 말투로 말을 걸었다.

"그 작자는 석 달 전에 만났어. 수술을 했다는데."

그러자 여자가 대답했다.

"난, 그 사람을 일주일 전에 보았어요. 그 때는 좋아 보이던데. 술에 취하지 않으면 좋은 사람이에요."

그 때 밖에서 한 남자가 길을 가로질러 트럭 쪽으로 다가왔다. 그는 트럭 앞 유리에 붙여 놓은 '편승 사절'이란 쪽지를 쳐다보았다. 나이는 서른이 채 못 되어 보였다. 그 남자가 입고 있는 옷은 싸구려였으나 아주 새것이었다.

그는 잠시 식당 쪽으로 시선을 던지고는, 담배를 꺼내물었다. 트럭 운전사가 밖으로 나가자, 식당 밖에 서 있던 남자가 말했다.

"나 좀 태워 줄 수 없겠소. 운전사 양반?"

"쪽지를 못 봤소?"

"그야 봤지. 하지만 남자는 가끔 착한 행동을 하는 법이오."

운전사는 천천히 트럭에 올라앉으면서 대답을 생각했다. 그는 착한 남자가 되고 싶었다. 그의 속마음을 눈치챈 남자는 재빨리 차에 올라탔다. 잠시 후 트럭이 움직였다.

"고맙소."

"……. 구두가 새것이군 그래. 새 구두로는 먼 길을 갈 수 없지. 게다가 이렇게 더운 날엔……. 그런데 어딜 가시오? 일자리를 구하러 가는 길이오?"

하고 운전사가 물었다.

"아니, 아버지가 밭을 조금 갖고 있소. 4만 8천 평 정도……. 소작농이지만 오래 전부터 그 곳에서 살았으니까."

트럭 운전사는 도로변의 밭을 바라보았다. 옥수수가 쓰러져 있고, 그 위에 흙먼지가 잔뜩 쌓여 있었다.

"4만 8천 평이라……. 그게 먼지 바람에 온전할까? 트랙터에 밀려나진 않았을까? 요즘 소작인들은 이 곳을 모두 떠나고 있다우. 트랙터가 소작인들을 몰아 내는 거지요. 그런데 형씨네 식구들은 어떻게 버텨 내고 계신지?"

"글쎄, 요즘은 소식을 통 듣지 못해서. 내가 편지를 쓸 줄 모르는데다 우리 아버지도 마찬가지니까요."

"그럼, 일하러 나갔다가 고향에 돌아가는 길이오?"

"나에 대해서 그렇게 알고 싶은 게 많소? 좋소, 물어 보시오. 내 전부 말해 주리다. 괜히 넘겨짚지 말고……."

"기분 나쁘게 생각지 마시오! 난 그저 심심해서 물어 보는 것뿐이니까. 트럭 운전사들 중에는 가끔씩 이상한 짓을 하는 녀석들이 있다오. 그 중에서 특히 시를 짓는답시고 멋을 부리던 녀석이 갑자기 생각나는군. 그 녀석이 쓴 시를 하나 알고 있는데……. 온통 먹고 마시고 떠들어 대고 바람을 피운 이야기뿐이야."

그러나 차를 얻어 탄 조드는 잠자코 있었다. 운전사는 억지로라도 조드를 말동무로 만들려고 했다.

"그렇게 허풍을 떠는 놈을 본 적이 있소?"

"목사가 있지."

하고 조드는 대꾸했다.

"아까도 말했지만, 트럭을 운전하는 인간은 꽤나 묘한 짓을 많이 하지. 가만히 있을 수가 없거든. 도로를 계속 달리다 보면 머리가 돌고 말 테니까! 그렇게 되지 않으려면 끊임없이 뭔가를 해야 해. 노래를 부르든지, 휘파람을 불든지. 위스키 병을 끼고 트럭을 모는 놈도 더러 있지만, 그런 자들은 오래 못 가지. 나는 일이 끝날 때까지는 술을 입에도 대지 않소."

"정말이오?"

"그럼! 남자는 스스로를 통제할 수 있어야 해. 그래야만 성공할 수 있는 거요. 난 앞으로 통신 교육을 받을 계획이오. 기계공학 말이오. 그렇게 되면 더 이상 트럭을 몰지 않아도 되지."

조드는 웃옷 주머니에서 위스키 병을 꺼냈다.

"정말 한 모금도 마시지 않을 거요?"

"절대로! 나는 술병을 만지고 싶지도 않소."

조드는 술병 마개를 열고 두어 모금 마셨다.

"굉장한 결심이군요."

"나는 내 마음을 통제하고 있소. 운전할 때 술을 마시지 않은 지도 벌써 2년 정도 되었소. 나에게는 사람들을 잘 기억하는 버릇이 있소. 나는 사람을 잠깐 보고도 그 사람의 모습을 정확히 기억한다오."

조드는 다시 술병을 꺼내 술을 한 모금 마셨다. 앞쪽을 지그시 바라보는 조드의 눈길에는 무언가 즐거운 빛이 가득했다. 운전사는 이상하다는 듯이 조드를 힐끔 쳐다보았다. 조드는 나직하게 낄낄거렸다.

"당신, 그걸 알아 내는 데 시간이 좀 걸렸겠군."

"무얼 말이오? 도대체 그게 무슨 뜻이오?"

"무슨 뜻인지 잘 알고 있을 텐데. 내가 처음 탔을 때 당신이 나를 쭈욱 훑어본 것을 내가 모를 줄 아나? 당신은 내가 어디서 왔는지 알고 있지?"

"저어⋯⋯. 그야 알지. 하지만 그런 일은 내 알 바가 아니오. 나는 내 일밖에 모르오. 나는 남의 일에 참견하지 않아."

"그래, 나는 4년 동안 맥알레스터의 감옥에 있었지. 내가 입고 있는 옷은 감옥에서 나올 때 그자들이 내준 거야. 나는 지금, 아버지가 계신 곳으로 가는 길이고."

"글쎄, 그런 건 내가 상관할 바 아니야!"

운전사의 표정이 굳어졌다. 그러자 조드가 소리내어 웃었다.

"당신은 내가 왜 감옥에 갔었는지 궁금하겠지? 안 그런가?"

"그건 내가 알 바 아니라니까!"

"물론 알 바가 아니지. 이것 봐, 저기 저 길 보이지? 난 저기서 내려."

조드는 술병을 꺼내 한 모금 마셨다. 트럭이 멈추자, 조드는 차에서 내려 운전대 창가에 섰다. 조드는 운전사 쪽으로 몸을 기울이며 말했다.

"겉으로는 아닌 척하지만, 당신은 내가 무슨 짓을 했는지 궁금할 거야. 난 사람을 죽였어. 7년형을 받았지. 그 안에서 얌전하게 굴어서 4

년만에 나온 거야."

"나는 물어 보지 않았어. 나는 내 일밖에는 몰라."

"이봐, 내 이야길 들어 봐. 감옥 안에 들어갔다 나온 사람은, 그 순간부터 자신이 관찰당하고 있다는 것을 알 수 있지. 좌우지간 태워 줘서 고마워. 잘 가게."

조드는 등을 돌리고 먼지가 피어오르는 길을 걸어갔다. 운전사는 잠시 그 뒷모습을 바라보다가 이렇게 소리 질렀다.

"행운을 빌어요."

3

태양은 뜨겁게 내리쬐고, 곱게 내려앉은 흙먼지를 일게 할 만큼의 바람도 없었다. 그는 구두를 벗었다. 그리고는 맨발로 터벅터벅 먼지 구름을 일으키며 걸어갔다. 저만큼 앞에서 천천히 기어가는 거북이 보였다. 조드는 거북을 옷에 둘둘 말았다. 그리고는 겨드랑이에 끼고 걸었다.

멀리 서 있는 수양버들 그늘을 보고, 조드는 그 곳에서 잠시 쉬어가야겠다고 생각했다. 조드는 서둘러 가다가 걸음걸이를 늦추었다. 한 사나이가 그 곳에서 노래를 부르고 있었다. 사나이는 조드의 발소리를 듣지 못했는지 계속 노래를 불렀다. 조드는 나무 그늘에 들어섰다. 그제서야 사나이는 노래를 멈추고 고개를 돌렸다. 그는 오랫동안 조드를 쳐다보았다. 조드는 나무 그늘 속에 가만히 서 있었다. 조드가 먼저 말을 걸었다.

"안녕하세요. 날씨가 무척 덥군요!"

사나이는 미심쩍은 눈초리로 조드를 바라보았다.

"혹시, 자네 톰 조드 아닌가, 톰 영감의 아들!"

"맞아요. 나는 지금, 집에 돌아가는 길입니다. 그런데 누구시죠?"

조드는 실눈을 뜨고 그를 보았다. 그리고는 웃음을 터뜨렸다.

"아, 목사님이시군요. 제가 문득 목사님 생각이 나서 어떤 녀석에게 얘기한 지 한 시간도 채 안 되었는데……."

"그래, 옛날에는 목사였지. 하지만 지금은 아니야. 지금은 그냥, 짐 케이시야. 이젠 주님의 부르심을 받는 일도 없어. 죄가 되는 생각을 워낙 많이 하니까."

"목사님은 멋진 집회를 많이 인도하셨죠. 우리 어머니는 목사님을 누구보다 좋아했어요. 할머니는 목사님을 보고 성령이 가득 찬 사람이라고 하셨고요."

갑자기 조드의 거북을 싼 웃옷이 움직였다.

"뭘 넣었나?"

하고 케이시가 물었다.

"거북이요. 길에서 주웠어요. 꼬마 동생에게 주려고요."

"어떤 아이든지 한 번은 거북을 기르지. 하지만 끝까지 기르는 아이는 거의 드물어. 거북도 어디론가 떠나 버리지. 나와 비슷해. 나도 예전에는 성경책을 늘 갖고 다니며 너덜너덜하게 만들어 버렸지. 하지만 지금은 아니야."

그 때, 짙은 색의 셰퍼드 한 마리가 달려오더니 어딘가를 향해 달아났다.

"어디론가 가는 모양이에요."

"그래, 어디론가 가는 길이야. 그런데 나는 내가 어디로 가려는지조차 모르고 있어."

조드는 문득 자기 웃옷을 바라보다가 거북이 사라진 것을 알았다. 조드는 도망가는 거북을 찾아 내고는, 그 거북을 집어들어 다시 웃옷에

쌌다.

"아이에게 줄 선물이 없거든요."

"묘한 일이지만 아까 자네가 나타났을 때, 나는 마침 자네 아버지를 생각하고 있었어. 한 번 찾아갈까 하고 말이야. 난 늘 자네 아버지가 신앙심이 없는 사람이라고 생각했었지. 그래, 아버지는 잘 계신가?"

"글쎄, 잘 모르겠어요. 전 4년 전에 객지에 나가 있었거든요."

"허어, 객지에 나가 있었나?"

"……저어, 제 소문을 전혀 듣지 못했나요? 신문에 대문짝만하게 났었는데."

"아니, 전혀! 무슨 일인데?"

"어차피 알게 될 일이니까, 말씀드리죠. 하지만 나에게 설교할 작정이라면 안 하겠어요. 전 4년 동안 맥알레스터에 가 있었어요. 싸우다가 사람을 죽였거든요. 우린 둘 다 취해 있었어요. 놈이 먼저 칼로 나를 찌르잖아요. 그래서 나는 옆에 있는 삽으로 놈을 갈긴 거죠."

"자네는 그 일을 전혀 부끄럽게 생각하지 않나?"

"물론이죠. 전혀 부끄럽지 않아요. 놈이 먼저 나를 찔렀다고 7년형을 내리더군요. 하지만 전 4년을 살고 나왔어요."

"그럼 그 동안 집 소식은 전혀 듣지 못했나?"

"2년 전에 어머니가 엽서를 보내왔고, 작년 크리스마스 때는 할머니가 카드를 보내셨더군요. 그 이후에는 아무 소식도 없었어요."

"그래, 거기서는 대우가 어땠나?"

"그런대로 괜찮았어요. 여자가 없는 게 괴로웠지만."

조드는 갑자기 웃었다.

"가출옥으로 나간 놈이 하나 있는데, 한 달 후에 다시 돌아왔어요. 그 녀석이 이렇게 말하더군요. '제기랄! 집에 갔는데 아무것도 편한 게

없잖아. 전등도 없고, 샤워할 곳도 없고, 책도 없고, 먹을 것도 없고!'
그래서 그는 집보다 편하고 제때 밥 먹을 수 있는 곳으로 되돌아왔다
는 거예요. 나가서 차를 한 대 훔치고 말이에요."
"사람이란 다 길들이기 나름이야. 그나저나 나도 톰 영감을 오랫동안
만나지 못했어. 한 번 간다고 하면서도 말이야."
"그럼 저랑 같이 우리 집에 가세요. 아버지도 반가워하실 거예요."
두 사람은 누런 햇빛 속으로 걸어갔다. 옥수수 줄기가 잿빛 그림자를
드리우고, 매캐한 흙먼지 냄새가 공기 속에 떠돌고 있었다. 옥수수밭이
끝나자, 거뭇하게 파란 목화밭이 나타났다. 케이시가 입을 열었다.
"먼지 바람이 일기 전에는 옥수수가 잘 됐었는데……."
어느 새 해가 기울어지기 시작했다. 도로 양쪽으로 철사 울타리가 이
어지고 있었다.
"저기가 우리 집 경계선이에요. 사실은 울타리가 아무 필요 없지만,
철사가 생겨서 아버지가 만든 거예요. 그래야 내 땅이라는 느낌이 든
다나요. 만약, 큰아버지가 철사를 갖고 오지 않았으면 울타리는 없었
을 거예요. 큰아버지는 마치 미친 사람 같았어요. 글쎄, 돼지새끼를
가지고 와서 어떻게 했는지 아세요?"
"그래, 돼지새끼를 어떻게 했는데?"
"큰아버지는 당장 그 자리에서 돼지 목을 치더니, 어머니더러 난로에
불을 피우라고 하셨어요. 고기를 익혀 먹으려는 거지요. 큰아버지는
이윽고 돼지 다리를 뜯기 시작하더군요. 우리가 옆에서 군침을 흘리
자 고기를 조금 떼 주었지만, 아버지한테는 한 점도 안 주었어요. 고
기를 너무 많이 드신 큰아버지는 먹은 것을 모두 토해 내고는 잠들었
어요. 큰아버지가 잠든 사이에 아버지와 우리 형제들은 몰래 남은 고
기를 먹었답니다. 아침에 큰아버지가 일어나서 다시 다리 하나를 오

븐에 집어넣고 굽는 거예요. 그리고는 게걸스럽게 먹기 시작했는데, 그 모습이 장난이 아니었답니다."

두 사람은 언덕 꼭대기로 올라가서는, 그 아래 있는 조드 네 집을 내려다보았다. 조드는 발길을 멈추었다.

"예전과 좀 다른데."

"저 집 좀 보세요. 무슨 일이 있었나 봐요. 아무도 살지 않는 집 같아요."

두 사람은 멈춰 서서 다닥다닥 붙어 있는 집들을 내려다보았다.

4

지주들은 토지를 둘러보러 오곤 했다. 지주보다 지주 대리인들이 더 자주 들렀다. 그러면 소작인들은 볕이 뜨거운 앞마당에서 불안스러운 듯이 그들을 지켜보았다.

"땅이 척박하다는 것은 알고 있겠지? 당신들이 너무 오랫동안 땅을 우려먹어서 그래."

"알고말고요. 그건 사실이에요. 모래 먼지만 날리지 않았어도, 이렇게까지 수확이 나쁘지는 않을 텐데요. 대체 우리더러 어떻게 하라는 건가요? 우린 거의 굶어 죽을 지경이라고요."

"소작 제도는 이제 끝났어. 트랙터 하나면, 열두 가구에서 열네 가구의 몫을 해 나갈 수 있어."

"그러면 우리는 어떻게 되는 겁니까?"

"당신들은 이 땅을 비워 줘야 해."

그 소리에 남자들은 분노하며 말했다.

"이 토지를 개척한 사람은 우리 할아버지들이야. 그리고 인디언들과 싸운 것도 우리 할아버지들이었어. 아버지 역시 여기서 태어났고, 잡초나 독사들과 싸웠단 말야. 그리고 흉년이 들어서 돈을 좀 꾸게 되었지. 그 다음에 우리가 태어난 거야. 아버지는 다시 돈을 꾸어야만 했어. 그 때 은행이 지주가 된 거고."

"우리도 그건 알아. 하지만 이건 우리가 하는 게 아냐. 은행이 시키는 거라고!"

"하지만 이건 우리 땅이야. 우리가 개간한 땅이야!"

"미안해. 하지만 은행이 시키는 거라니까!"

소작인들이 소리를 지르며 발악하자 대리인들은 몹시 화를 냈다.

"당신들은 여기서 떠나야 한다니까!"

"우린 총을 들고 은행과 싸울 거야!"

"억지로 여기서 버티고 있으면, 당신들은 도둑질을 하는 것이 돼."

"그래, 우리가 나간다고 치자. 우린 대체 어디로 가야 하지? 돈도 한 푼 없이."

"은행이 그것까지 책임질 수는 없어. 다른 주에 가면 가을에 목화를 딸 수 있을 거야. 캘리포니아에 가 보지 그래? 거긴 일거리도 있고 일년 내내 춥지도 않으니까."

그렇게 말하고 지주 대리인들은 차에 시동을 걸고 출발해 버렸다. 잠시 후 트랙터들이 도로를 넘어와서, 밭으로 밀고 들어왔다. 트랙터는 밭 위를 힘차게 달렸다. 언덕도 협곡도 개울도 울타리도 집도, 트랙터 앞에서는 아무것도 아니었다. 운전석에 앉은 사나이는 있는 그대로의 땅을 보지 못했으며, 땅의 냄새도 맡지 못했다. 그의 발은 흙덩이를 밟지 않았고, 땅의 온기와 힘도 느끼지 못했다.

"아니, 자넨 조 데이비스의 아들이 아닌가!"

"예, 맞습니다."

"뭣 때문에 자네는 이런 일을 하나? 더구나 고향 사람들과 맞서는 일을?"

"하루 3달러 때문이죠. 내겐 먹여 살려야 할 마누라도 있고, 아이들도 있어요."

"자네가 받는 3달러 때문에 이 동네 사람들이 아예 입에 풀칠을 하지 못하게 돼."

"세상은 변하고 있어요, 아저씨! 왜 그걸 모르세요? 이젠 더 이상 어쩔 수가 없어요."

"자네가 버는 그 돈 때문에 우리 동네 사람들은 모두 길거리를 방황해야 한다네. 우리는 대체 어디로 가야 하는가?"

"당장 떠나는 게 좋아요. 점심을 먹고 나면, 이 앞마당을 갈아엎을 차례예요. 바로 아저씨네 앞마당을요. 그리고 아저씨, 우리 아버지를 잘 아시죠? 그래서 말씀드리는 건데, 어서 떠나세요. 떠나지 않는 집은 무슨 짓을 해서든 쫓아 내라는 명령을 받았어요. 이를테면 이 트랙터를 몰아 집을 약간 허물어 놓으면 나는 2달러를 더 받는답니다."

"나는 내 손으로 이 집을 지었어. 이건 내 거야! 그런데 자네가 이 집을 허물겠단 말인가? 좋아, 그럼 난 총을 쏠 거야!"

"어쩔 도리가 없어요. 그렇게 하지 않으면 나는 해고를 당하고 말 거예요. 아저씨가 나를 죽이면, 아저씨는 당장 사형이에요."

"그렇다면, 자네에게 명령한 사람은 누군가? 그놈을 해치우겠어!"

"그 사람은 은행의 명령을 받은 것뿐이에요. 제 친구들이 그러는데 그 은행은 동부의 명령을 받고 있대요. 만약 이 토지에서 이익을 올리지 못하면, 은행을 폐쇄시키겠다는 명령을 받았어요."

"아니, 그러면 어디까지 가는 거야? 대체 나는 누굴 쏘아야 하는 거지?"

트랙터가 밭을 가로질러 파헤치고 지나갔다. 이윽고, 운전사는 집 한 귀퉁이에 파고들어 벽을 허물었다. 그리고 그 작은 집을 송두리째 뽑아냈다. 소작인의 식구들은 분노에 찬 눈으로 트랙터를 노려보았다.

5

목사 케이시와 젊은 톰은 언덕 위에 서서 조드 네 집을 내려다보았다. 페인트도 칠하지 않은 조그만 집은 한쪽 귀퉁이가 허물어져 있었다. 울타리도 없어지고, 앞마당까지 목화가 자라고 있었다.

"도대체 무슨 일이지? 아무도 살고 있지 않다니."

이윽고 두 사람은 재빨리 언덕을 내려갔다. 톰은 작은 헛간 안을 들여다보았다. 여기저기 짚이 흩어져 있었다. 조드는 연장 광 입구에서 발걸음을 멈췄다. 중요한 연장은 하나도 없었다.

"모두 어디로 간 걸까? 왜 나에게 알리지 않은 걸까?"

"집 안에 무슨 편지라도 남겨 놓았는지도 모르지. 가족들은 자네가 나온다는 걸 알고 있었나?"

"몰랐을 거예요. 나도 일주일 전까지는 전혀 몰랐으니까요."

두 사람은 다 쓰러져 가는 집 쪽으로 걸어갔다. 현관 지붕을 받친 기둥 두 개가 밀려나는 바람에 지붕이 한쪽으로 완전히 기울어져 있었다. 조드는 살며시 방 안으로 들어갔다. 방바닥이 그의 몸무게로 삐걱거렸다. 방 안에는 침대도, 의자도 없이 텅 비어 있었다.

해가 기울어 찌그러진 창문으로 간신히 빛이 들어오고 있었다. 조드는 침실에서 나와 베란다에 걸터앉았다. 케이시가 조드 옆에 앉았다. 그때 비쩍 마른 고양이 한 마리가 광에서 기어나와, 베란다 끝으로 걸어왔다. 조드가 고양이를 돌아보았다.

"저 고양이를 보니 무슨 좋지 않은 일이 일어난 것 같아요."

"나쁜 일이 많았던 모양이다."

"아니, 그 나쁜 일은 우리 집만 해당되는 것이 아니에요. 저 고양이는 랜스 네 고양이예요. 왜 랜스 네는 고양이를 두고 떠나갔을까요? 무슨 일이 마을에 있었던 게 분명해요……."

고양이가 다시 두 사람이 앉은 곳으로 가까이 다가왔다.

"아, 이런! 거북을 잊었네."

조드는 옷 속에서 거북을 꺼내서 마루 밑으로 밀어넣었다. 거북이는 남서쪽으로 향했다. 고양이가 거북에게 덤벼들자, 거북은 목을 움츠리고 굵다란 꼬리를 등껍데기 밑으로 말아 붙였다. 고양이는 거북이 머리를 내밀기를 기다리다가 기다림에 지쳐 그 곳을 떠났다. 그러자, 거북은 다시 남서쪽으로 기어가기 시작했다. 조드와 케이시는 기어가는 거북을 물끄러미 지켜보았다. 케이시가 물었다.

"저놈은 도대체 어딜 가는 걸까?"

"거북은 언제나 어딘가로 가고 싶어하는 것 같아요."

잿빛 고양이는 다시 두 사람 사이에 쪼그리고 앉았다. 그 때 케이시가 밭 저편을 바라보며 말했다.

"저길 봐! 누가 오는군."

두 사람은 저녁 햇빛 속으로 다가오는 그림자를 지켜보았다. 그림자가 차츰 다가왔다.

"저건 뮬리예요. 목사님도 아마 아실 텐데. 이봐, 뮬리! 오래간만이야!"

다가온 남자는 조드가 부르는 소리에 깜짝 놀라 발길을 멈췄다. 뮬리는 바싹 다가와서야 겨우 조드의 얼굴을 알아보았다.

"아 이런, 톰 조드 아냐? 언제 나왔어?"

"이틀 전에. 그런데 마을이 왜 이 지경이 되었지? 우리 식구는 지금 어디 있나? 어째서 집이 다 부서졌나?"

"이거 참, 내가 마침 잘 왔군. 아저씨가 얼마나 걱정했는지 아나? 나는 자네 아버지에게, 결코 여길 떠나지 않겠다고 말했지. 그랬더니 자네 아버지가 '톰이 걱정되는 구나. 그 애가 돌아와서 아무도 없으면 얼마나 당황스럽겠나?' 하셨어"

조드는 짜증이 나서 말했다.

"우리 식구는 어디 있지?"

"글쎄, 은행이 이 땅을 트랙터로 엎으러 왔을 때, 너희 식구들은 버틸 작정이었어. 너희 할아버지는 총을 들고 서서 트랙터 헤드라이트를 날려 버렸지. 하지만 아무 소용이 없었어. 그대로 트랙터가 밀고 들어왔으니까."

"우리 식구는 어디 있느냐고?"

조드는 화가 나서 말했다.

"너희 큰아버지 댁에 있어. 모두 목화밭에서 일하고 있지. 차를 한 대 사서 살기 편한 서부로 갈 작정인가 보던데."

"그럼, 아직 떠난 건 아니로군."

"아직 안 떠났어. 네 형 말로는 두 주 정도 있다가 떠날 예정이래."

"고마워, 뮬리! 뮬리, 여기 이 목사님을 알고 있겠지? 케이시 목사님 말야."

"당연하지. 모를 리가 있나."

두 사람은 악수를 했다.

"이렇게 다시 만나니 반갑습니다. 이 근방에는 퍽 오랜만에 오시는 것 같군요."

"그렇다네. 그런데 이 동네에 대체 무슨 일이 일어났나?"

뮬리는 얼굴을 찌푸리며

"못된 놈들!"

하고 소리를 질렀다.

"그 더러운 놈들! 다시 한 번 말해 두지만, 난 여기 남아 있을 거야. 아무도 날 쫓아 내진 못해! 우리 아버진 50년 전에 이 곳에 왔지. 난 이 곳을 지켜 내고 말 거야."

조드가 말했다.

"왜, 모두 쫓아 내려고 하는 거지?"

"지난 몇 년 동안 불어 닥친 모래 먼지가 모든 걸 엉망으로 만들었어. 누구나 식료품 가게에 외상을 깔기 시작했어. 그렇게 되자, 지주들은 소작을 둘 여유가 없다고 나오는 거야. 거기다 한술 더 떠서 '땅을 모두 합쳐야 간신히 수지가 맞는다' 고 하는 거야. 난 절대 못 가. 넌 내가 어떤 사람이라는 것을 잘 알잖아? 그래, 이 땅이 그리 좋지 않다는 것은 나도 알아. 별로 쓸모가 없거든. 게다가 이번에 목화를 심어 땅이 죽어 버렸어. 놈들이 나가야 한다는 소리만 안 했어도, 아마 지금쯤 난 캘리포니아에 가서 먹고 싶은 과일을 따먹고 있을 거야. 그런데 그놈들이 날더러 나가라고 하잖아. 나참, 기가 막혀서! 사람이란 그런 소릴 들으면 더 악을 쓰며 버티는 법이야."

"그래, 그런데 우리 아버지는 어떻게 그렇게 쉽게 물러섰는지 이해할 수가 없군. 할아버지가 아무도 죽이지 않은 것도 이상하고. 이제까지 할아버지는 누가 이래라 저래라 하는 건 참지 못하는 성미였거든. 할머니도 마찬가지고. 우리 집 식구들이 그리 호락호락하게 떠났을 리가 없어."

"그게 말이야. 놈들이 수작을 부려서 그래. 하지만 난 달라. 나는 이 곳을 떠나지 않을 거야."

붉고 커다란 물방울 같은 태양이 이윽고 저편으로 떨어졌다. 초저녁 별이 어스름 속에 빛났다. 조드가 말했다.

"오늘 밤 큰아버지네 집까지 가는 건 힘들어. 뮬리, 오늘은 네 집에서 지내면 안 되니?"

뮬리는 난처한 표정을 지었다.

"마누라도 애들도 모두 캘리포니아로 가 버렸거든. 집에는 먹을 것이 다 떨어졌어."

케이시가 말했다.

"자네도 갔어야 했네. 가족들과 그렇게 뿔뿔이 헤어져서야 쓰나?"

"난 갈 수 없었어요. 뭔가가 나를 떠나지 못하게 했어요."

"제기랄! 배가 고파!"

하고 조드가 말했다.

"감옥에 있는 4년 동안 꼬박꼬박 제시간에 밥을 먹었는데. 그래, 뮬리. 자네는 뭘 먹을 거야? 저녁은 어떻게 때웠지?"

"한동안은 개구리며 다람쥐를 잡아먹었어. 별다른 방법이 없었어. 요즈음에는 개울 덤불 속에 철사로 덫을 놓았더니. 토끼, 스컹크, 너구리가 걸려."

뮬리는 팔을 뻗어 자루를 쳐들었다. 그리고 베란다 위에 그것을 쏟아 놓았다. 토끼 두 마리와 귀가 긴 산토끼 한 마리가 자루에서 떨어졌다.

"아아, 정말 괜찮군. 갓 잡은 고기를 먹어 본 지가 4년이 넘었어."

불이 타오르면서 마른 나무가 탁탁거렸다. 조드는 불 옆에 앉아서 막대기로 토끼 고기를 뒤집었다.

"이거 정말 성찬이군! 소금도 약간 있으니, 맛은 더 좋을 거고."

뮬리가 말했다.

"내가 이런 생활을 하는 걸 보면 아마 돌았다고들 생각하겠지? 그런데 말야. 참 우스워! 놈들이 나보고 여기서 나가라고 했을 때, 뭔가 불끈하는 기운이 내 마음속에서 일어나기 시작했어. 우선, 나는 달려가서 놈들을 한데 몰아서 죽여 버리려고 생각했어. 하지만 그렇게 하지 못했지. 식구들이 모두 서부로 가 버리자, 나는 이 근방을 쏘다니기 시작했어. 그러다가 밤이 되면 아무데서나 자는 거야."

"인간이란 한 장소에 길이 들면 떠나지 못하는 법이지."

하고 케이시가 말했다.

"인간은 한 가지 습관에 젖으면 여간해서는 그걸 떨쳐 버릴 수가 없어. 이제 나는 더이상 목사가 아니지만 언제나 기도를 하고 있어."

케이시가 말을 마치자, 뮬리는 계속 말했다.

"나는 무덤 속의 늙은 유령처럼 여기저기를 돌아다니고 있어. 헛간 옆에는 할아버지가 황소에게 받힌 자리가 있어. 그 흙 속에는 지금도 아버지의 피가 있고. 그래서 나는 그 땅에 손을 얹어 보았어. 땅의 일부는 아버지의 피거든. 자넨 내가 미쳤다고 생각하나?"

조드는 고기를 뒤집으며, 생각에 잠겨 있었다.

"아니야."

하고 케이시가 말했다.

"자네는 외로운 거야."

그러자 뮬리가 말했다.

"나는 이렇게 계속 지껄이고 싶어. 그 동안 아무하고도 이야길 못했거든. 만약 내가 돌았다면 그건 사실일 거야. 그뿐이야. 집집마다 아무도 없고, 깜깜해. 트랙터로 사람들을 몰아 내서 놈들이 얻은 것은 뭘까? 우리가 살고 있는 곳은 바로 우리의 분신과 다름없어. 이삿짐을 실은 차를 타고 길을 떠나는 그 날부터, 우리는 온전한 우리 자신이 아닌 거야. 그놈들이 우릴 죽인 거야……. 나는 오랫동안 아무하고도 얘기하지 못했어. 유령처럼 그저 헤매기만 했지."

케이시가 긴 널빤지를 불 속에 밀어넣으며 말했다.

"나는 길 떠난 사람들을 만나야겠어. 꼭 만나야 해. 그 사람들에게는 설교가 들려줄 수 없는 구원이 필요해. 어쩌면 나는 이런 말을 하지 말았어야 했어. 그냥 가슴속에 혼자 간직해 두는 건데."

"아니야. 얘기해야지. 사람은 슬픔을 입으로 토해 내는 게 좋아."

뮬리는 조드를 쳐다보며 이렇게 말했다.

"자네가 사람 죽인 이야기를 하면 기분이 나쁠까?"

"아니, 우연히 그렇게 된 일인걸."

"모두들 자네가 나쁘지 않다는 걸 알고 있어. 물론 턴불 영감은 자네가 나오면 죽여 버리겠다고 벼르고 있었어. 누구든 아들을 죽인 놈은 내버려 둘 수 없다는 거지. 하지만 이웃 사람들이 그래선 안 된다고 말렸어."

조드가 조용히 말했다.

"우린 술에 취했었어. 난 허브에게 나쁜 감정이 전혀 없었어. 좋은 녀석이었으니까. 녀석은 어릴 때부터 내 여동생 로저샨을 따라다녔지. 난 정말 어떻게 싸움이 시작되었는지도 기억나지 않아. 칼이 내 목에 꽂히는 것을 느끼고 술이 깼어. 나는 담벼락에 도끼 한 자루가 있는 것을 보고는, 그것을 집어들어 허브에게 달려들었지."

"영감네 식구들은 반 년 전에 캘리포니아로 떠났어."

"모두 서부로 가는군. 하지만 나는 가출옥의 규칙을 지켜야 하기 때문에, 이 주에서 나갈 수 없어. 그걸 안 지키면 도로 감옥에 들어가서 살아야 해."

"그 곳은 어땠나? 아주 지독하다던데."

"그렇게 나쁘진 않았어. 간수의 미움만 사지 않으면 그럭저럭 지낼 만해. 자, 이만 자자고! 날이 새면 큰아버지댁에 가는 거야. 목사님도 같이 가시겠어요?"

목사는 타다 남은 불을 들여다보며 서 있었다. 그는 천천히 말했다.

"그래. 나도 가겠네."

"모두 좋아할 거예요. 우리 어머닌 언제나 목사님 편이었죠. 뮬리, 자네도 같이 갈래?"

"아니, 난 아무데도 안 가. 나는 죽어도 이 곳에서 죽을 거야."

6

하늘은 별과 별 사이에서 잿빛으로 밝아오고 있었다. 톰 조드와 케이시는 길을 따라 빠른 걸음으로 걸어갔다.

"길은 제대로 찾아가고 있는 거지?"

하고 케이시가 말했다.

"나는 눈을 감고도 큰아버지댁에 갈 수 있어요. 나는 이 근처에서 태어났어요. 그러니 해가 뜰 때까지는 도착하겠지요."

두 사람은 한동안 말없이 걸었다. 얼마 후 목사가 말을 꺼냈다.

"자네 큰아버지는 식구가 없는 것으로 아는데? 아주 외로운 사람이 아니었나?"

"세상에서 가장 외로운 사람일 거예요. 게다가 좀 괴상한 양반이에요. 다들 큰아버지가 오래 살지 못할 거라고 그랬어요. 그렇게 외로운 사람은 오래 살지 못한다나요."

"자네 큰아버지는 결혼한 적이 없나?"

"부인이 있었죠. 결혼한 지 넉 달이 됐을 때, 큰어머니는 아마 임신중이었나 봐요. 어느 날 밤 배가 몹시 아파서 '여보, 의사 좀 불러 줘요.' 라고 했대요. 한데 큰아버지는 대수롭지 않게 '체한 모양이군. 그렇게 먹어 대니까 배가 아프지' 라고 말했대요. 다음 날 점심때 큰어머니의 눈이 뒤집히더니 결국 죽고 말았대요."

"왜? 식중독이었나?"

"아뇨, 맹장이 터졌대요. 큰아버지는 그 일로 몹시 괴로워하셨어요. 자기가 죄인이라는 생각으로 한동안 말도 하지 않았어요. 방황의 늪에서 빠져 나오는 데 2년이 걸렸으니까요. 큰아버지는 그 뒤 아주 성가신 사람이 되었어요. 아이들이 배가 아프면 큰아버지는 의사를 불러왔어요. 아이들은 곧잘 배가 아프잖아요. 그런데도 큰아버지는 큰어머니에 대한 미안함을 다른 사람들에게 보상하려고 해요."

"큰아버지는 부인이 죽었을 때 교회에 자주 갔었나?"

"아뇨. 사람들이 모이는 데는 절대로 나가지 않았어요. 그는 늘 혼자 있고 싶어했죠. 애들은 모두 큰아버지를 좋아해요. 우리 집에 오시면 아이들 침대에 꼭 껌을 하나씩 놓아 두거든요."

붉은 기운이 동쪽 지평선 위로 피어나고, 지상에서는 새들이 재잘거리기 시작했다.

"봐요. 저게 큰아버지네 물탱크예요."

조드는 걸음을 재촉했다. 큰아버지댁이 눈앞에 보이기 시작했다. 앞마당에는 잡동사니며 쌓아 놓은 가구들이 어수선하게 흩어져 있었다.

"아니, 벌써 떠날 채비를 하고 있군!"

하고 조드가 말했다. 트럭 한 대가 앞마당에 있었다. 마당으로 들어서면서 두 사람은 앞마당에서 나는 소리를 들을 수 있었다.

"소리 지르지 말아요. 몰래 다가가서 놀라게 해 줘야겠어요."

조드는 성큼성큼 걸어가다가, 마치 앞으로 더 나아가기를 두려워하는 것처럼 발걸음을 늦추었다. 아버지 조드가 트럭의 화물대에 서서 가장

자리의 가로대에 못질을 하고 있었다. 집 안에서는 어린아이 울음소리가 흘러나왔다. 조드는 옆으로 가서 기대섰다.

"아버지!"

아버지는 차츰 그가 누구인지 알아보기 시작했다.

"톰이 돌아왔구나!"

그러더니 다시 두려운 표정이 되었다.

"너 혹시 도망친 건 아니겠지?"

"아뇨. 가석방이에요. 이제 자유의 몸이 된 거죠."

"톰, 우리는 지금 캘리포니아로 떠나려던 참이다. 네게는 편지로 알릴 생각이었어. 그런데 마침 네가 돌아왔구나. 모두들 놀라게 해 줘야지. 엄마는 다시 널 만나지 못할 것 같은 불길한 예감이 든다고 야단이었어. 자, 어서 안으로 들어가자, 네 어머니가 어떤 표정을 짓는지 보자."

"목사님을 아시죠? 저와 함께 왔어요."

"목사님이? 너와 같이 감옥에 있었니?"

"아뇨. 오는 길에 만났어요. 그 동안 다른 고장에 가 계셨대요."

아버지는 점잔을 빼며 악수했다.

"잘 오셨습니다."

"이렇게 다시 뵙게 되어서 기쁩니다. 아들이 집에 돌아왔으니 얼마나 기쁘시겠습니까?"

"그러게 말입니다. 애야, 그런데 어머니를 어떻게 놀라게 해 줄까?"

아버지는 흥분해서 말하기 시작했다. 세 사람이 문으로 들어가자, 기름에 돼지고기를 튀기는 냄새며 짙은 갈색 빵을 굽는 냄새, 주전자에서 끓고 있는 커피 향기가 코에 스며들었다.

"여보, 나그네 두 사람이 뭐든 먹을 것을 좀 달라고 하는군."

"들어오시라고 해요. 먹을 것은 많으니까. 우선 손을 씻으라고 하세요. 빵은 이미 구워 두었고, 돼지고기도 마침 다 익었네요."

톰은 어머니를 바라보았다. 어머니가 고개를 돌렸으나, 해가 톰의 등 뒤에 있어서, 어머니는 톰을 제대로 보지 못했다.

"어서 들어와요. 오늘 아침에는 빵을 많이 구웠답니다."

톰은 여전히 서서 안을 들여다보았다. 어머니는 단단한 몸집이었으나 살이 찐 것 같지는 않았다.

"이리로 어서 들어와요."

그러자 톰은 약간 수줍은 듯이 문 안으로 들어섰다. 이윽고 그녀의 손이 옆으로 처지고, 포크가 마룻바닥에 떨어졌다. 그녀는 두 눈을 커다랗게 뜨며 소리쳤다.

"하느님, 감사합니다!"

그러더니 순간 얼굴이 어두워졌다.

"토미, 너 혹시 쫓기는 거 아니니? 탈옥한 거 아니야?"

"아뇨. 가석방이에요. 여기 증명서도 있어요."

어머니는 맨발로 아들에게 다가갔다.

"맙소사! 우리는 널 내버려 두고 떠날 뻔했구나. 네가 우리를 어떻게 찾아 낼까 걱정하던 중이었어."

아버지는 키득키득 웃었다.

"깜빡 속아 넘어갔지, 여보? 당신을 놀려 주려고 그랬어. 아주 성공이야!"

톰이 물었다.

"할아버지는 어디 계세요?"

"저기 헛간에서 할머니와 주무신다."

어머니가 말했다.

"여보, 당신이 가서 톰이 왔다고 알려 드려요. 할아버지가 톰을 얼마나 보고싶어 하셨는데……."

"아암, 그래야지."

아버지는 마당을 가로질러 갔다. 얼마 후 밖에서 귀에 익은 소리가 들렸다.

"하느님, 승리를 찬양하게 하소서!"

신앙심 깊은 할머니의 목소리였다. 마당을 가로질러 네 사람이 걸어오고 있었다. 할아버지가 맨 앞에서 걸어왔는데, 오른쪽 무릎의 관절이 불편한 것 같았다. 할아버지는 싸움도 잘하고, 욕도 잘했다. 술만 보면 과음하고, 먹을 것이 있으면 마구 먹고 쉴새없이 떠들었다.

할아버지 뒤로 할머니가 따라왔다. 남편 못지않게 거세기 때문에 오늘날까지 버텨 온 할머니다. 할머니는 신앙심에 의지해서 험한 세상을 살아왔다. 할아버지와 할머니 뒤로 아버지와 노아가 따라왔다. 장남인 노아는 키가 크고 특이하게 생겼다. 그는 평소에 거의 화를 내는 일이 없었다. 노아는 동작이 느리고, 말수도 적었다. 어떤 때는 너무 멍하게 앉아 있어서, 그를 모르는 사람들은 백치로 여길 정도였다. 아버지만은 노아가 왜 그런지를 알고 있었지만, 그 일을 부끄럽게 여겨 아무에게도 말하지 않았다.

노아가 태어나던 날 밤, 집에 혼자 있던 아버지는 아내가 애를 낳으려고 하자 겁을 먹었다. 그는 잠시 머리가 돌았는지, 억센 손으로 아이를 끌어낸답시고는 머리를 비틀어 놓았다. 늦게 산파가 달려왔을 때 아기의 목은 늘어났고, 몸뚱이는 뒤틀려 있었다. 그래서 아버지는 어느 누구보다도 노아에게 다정했다. 노아는 읽고 쓸 줄도 알았고, 계산도 할 줄 알았으나, 무슨 일에나 관심이 없었다. 그는 자기만의 기묘한 침묵의 집에 살면서, 거기서 조용히 세상을 바라보았다. 그렇다고 고독하게 보이지도 않았다.

할아버지가 소리 질렀다.

"어디 있냐! 어디 있냐고?"

할아버지의 작은 눈이 반짝였다.

"오, 이게 누구냐? 내 손자 톰이구나!"

할머니는

"하느님, 승리를 찬양하게 하소서!"

했다. 할아버지는 톰에게 다가가 톰의 손바닥을 탁 쳤다. 그 눈에는 애정이 넘쳐 있었다.

"잘 있었냐, 토미야?"

"그럼요, 할아버지. 할아버지는 어떠세요?"

"기운이 아직도 이렇게 뻗친다. 이런 배가 몹시 고프구나. 어서 가서 아침을 먹자."

할아버지는 사람들을 밀치고 집 안으로 들어갔다. 그리고는 자리에 앉자마자, 커다란 빵을 먹기 시작했다. 톰은 다정하게 할아버지를 쳐다보고, 싱긋 웃었다. 노아는 층계 위에서 톰을 쳐다보았으나, 그의 얼굴에는 표정이 없었다. 톰이 말했다.

"형, 잘 있었어?"

"그래."

하고 노아가 말했다.

"넌 어때?"

그게 다였다. 그러나 기분 좋은 대화였다. 갑자기 톰이 말했다.

"아니, 목사님이 어디로 갔을까?"

그러자 할머니가 말했다.

"뭐, 목사님이라고? 목사님을 데리고 왔니? 어서 찾아오너라! 기도를 드려야지."

톰은 현관 밖으로 나갔다. 목사가 물탱크 밑에서 나타났다.

"뭘 하셨어요?"

"아무것도 안했어. 가족들이 오랜만에 만났는데, 끼여드는 것은 예의가 아니야. 그저 앉아서 생각하고 있었어."

"안으로 들어가서 식사하셔야죠. 할머니가 기도해 달래요."

"난 이제 목사가 아니야."

"기도 드려서 나쁠 건 없잖아요."

톰과 케이시가 함께 부엌으로 들어가자, 어머니가 반가운 목소리로 말했다.

"참 잘 오셨어요."

아버지도 케이시 목사를 환영했다. 할아버지는 그제서야 케이시를 생각해 냈다.

"오, 그 목사 양반이로군! 이 사람이라면 처음 만났을 때부터 마음에 들었지."

"전 이제 목사가 아닙니다. 제가 여기 오게 된 것을 감사드리고, 친절한 여러분께 감사드리는 것, 그것만으로도 족하다면 그런 감사 기도는 드리겠습니다."

"기도해 주세요! 우리가 캘리포니아로 떠나는 것에 대해 한 마디 정도만 넣어서."

할머니가 말했다.

케이시는 고개를 숙였다. 그의 표정은 기도하는 표정이 아니라, 무언가를 생각하는 표정이었다.

"나는 산 속을 헤매면서 생각했습니다. 예수께서 온갖 고뇌 속에서 자신의 길을 찾으려고 광야를 방황했던 것처럼. 예수님도 고뇌에서 벗어날 길이 없고, 아무런 생각이 떠오르지 않을 때 도대체 선은 무엇인가, 싸우고 생각하는 일은 또 무엇인가 하고 생각했습니다. 그 분은 완전히 지쳤던 것입니다. 그리고 광야로 나가셨던 것입니다."

"아멘"

하고 할머니가 울음소리를 냈다.

"나는 내가 예수님과 비슷하다고 말하려는 것이 아닙니다. 그러나 나도 예수님과 마찬가지로 지쳐 있고, 무엇이 무엇인지 모르게 되어 광야로 나갔던 것입니다. 밤이 되면 별을 바라보고, 아침이면 일어나 태양이 떠오르는 것을 보았습니다. 한낮에는 언덕에 서서 토지를 둘러보았고, 저녁에는 해가 지는 것을 바라보았습니다. 더러는 기도도 드렸습니다. 다만, 내가 무엇을 향해 기도 드리고 있는지, 무엇 때문에 기도 드리고 있는지 몰랐을 뿐입니다. 거기에 언덕이 있었고, 거기에는 내가 있었습니다. 나와 언덕은 이미 둘이 아니라 하나가 되어 있었습니다. 그리고 하나가 되었다는 것은 거룩한 일이었습니다."

"할렐루야!"

하고 할머니가 응답했다.

"나는 예전에 하던 것처럼 기도할 수가 없습니다. 나는 이 아침의 거룩함을 사랑합니다. 또 나는 여기에 사랑이 있음을 기뻐합니다. 그것뿐입니다."

사람들은 여전히 머리를 수그리고 있었다.

"아침 식사가 다 식었겠군요."

그제서야 케이시는 생각이 난 듯 "아멘" 하고 말했다. 사람들도 "아멘" 하고 머리를 들었다. 가족들은 음식을 먹기 시작했다. 남자들은 식사를 마치자, 트럭이 있는 곳으로 걸어갔다. 아버지가 말했다.

"이건 네 동생 앨이 충분히 알아보고 산 트럭이다. 앨은 작년에 트럭을 몰고 다녀서 꽤나 잘 알더라. 그 앤 엔진 수리도 할 줄 알아."

"앨은 지금 어디 있어요?"

"글쎄, 하도 돌아다니기를 좋아해서, 수고양이처럼 계집애만 쫓아다닌단다. 벌써 일주일째 들어오지 않고 있구나."

할아버지가 말했다.

"……. 언제든지 오렌지를 딸 수 있는 캘리포니아로 어서 데려다 다오. 아니면 주렁주렁 열린 포도도 좋아. 큰 포도를 한 송이 따서 그걸 얼굴에다 대고 꾹 눌러서 포도즙이 볼을 타고 줄줄 흘러내려오게 해 봤으면 좋겠다."

톰이 물었다.

"그런데 큰아버지는 어디 갔나요? 로저샨은요? 루디와 윈필드는요?"

"큰아버지는 루디와 윈필드를 데리고, 펌프며 연장이며 닭 따위를 팔러 갔다. 그리고 로저샨은 코니 네 가족과 같이 산단다. 로저샨이 코니 리버즈와 결혼했거든. 참 좋은 녀석이지. 로저샨은 네댓 달 있으면 아기를 낳는단다."

"그래요? 4년 동안 많은 일이 생겼군요. 그나저나 아버지, 언제 출발할 건가요?"

"앨이 밖에서 돌아오면 트럭에 물건을 싣고 가서, 팔고 올 거야. 그러면 내일이나 모레라도 출발할 수 있지. 우린 돈이 별로 없다. 그런데 사람들의 말을 들으니, 캘리포니아까지는 3천 2백 킬로미터나 된다더라. 그러니 일찍 떠나면 떠날수록 좋단다."

"돈은 어떻게 마련했나요?"

"집에 있는 물건들을 모두 팔았어. 그리고 온 식구가 목화 따는 일을 했단다. 모두 합해서 2백 달러는 된다. 이 트럭을 75달러에 사서, 나하고 앨이 트럭을 반 잘라 내어 이 뒷부분을 만들어 붙였다. 또 이 타이어로는 도저히 먼 길을 가기 힘들어서, 중고 타이어 두 개를 샀다. 이것 외에도 도중에 사야 할 게 한두 가지가 아닐 거야."

노아가 불쑥 말했다.

"저 옆 널빤지를 모두 제대로 맞춰 끼우면 짐을 다 실을 수가 있어. 실어만 놓으면 앨이 돌아오는 대로⋯⋯."

"나도 운전할 수 있어. 맥알레스터에서 트럭 운전을 했거든."

톰이 말했다.

"그거 잘 됐구나. ⋯⋯. 이런, 앨은 양반이 못 되네. 저 녀석이 돌아오는군."

앨이 시선들을 의식하고 으쓱 어깨를 추커올렸다. 톰을 발견한 그의 얼굴에는 으스대던 표정이 사라지고, 존경의 빛이 생기기 시작했다.

"잘 있었니, 앨? 못 알아보겠다."

톰은 앨과 악수를 했다. 아버지가 말했다.

"그래, 여태 쏘다녔냐? 앨, 이 짐을 팔아 와야 해."

앨은 형을 바라보았다.

"같이 갈래?"

"아냐, 난 못 가. 난 여기서 일을 도와야겠어."

앨은 형에게 묻고 싶은 것을 참으려다가 물었다.

"형은⋯⋯, 탈옥한 거야?"

"아니, 가석방이야."

"그래?"

앨은 약간 실망하며 중얼거렸다.

7

그들은 트럭에 무거운 연장들과 침대와 스프링과 그 밖의 팔릴 만한 가재도구를 모두 실었다. 부엌에서는 어머니가 분주히 움직이고 있었다. 어머니가 말했다.

"톰, 캘리포니아에서는 모든 일이 잘 됐으면 좋겠구나."

"걱정 되세요?"

"글쎄……. 왠지 너무 잘 되는 것 같아서. 광고지를 보았는데, 거기는 일이 많고 품삯도 비싸다고 써 있더라. 신문에서도 봤어. 나는 너무 좋아서 겁이 난다. 그런데 거기까지는 3천 2백 킬로미터래. 그렇게 멀리 가려면 대체 얼마나 걸릴까?"

"글쎄요. 두 주일 정도. 운이 좋으면 한 열흘? 너무 걱정 마세요."

"나는 캘리포니아에 가면 얼마나 좋을까를 생각해. 일년 내내 조금도 춥지 않고, 싱싱한 과일이 널려 있고, 오렌지 나무 사이에 작고 하얀 집이 있고. 만약에 우리가 모두 일자리를 얻어 다같이 일하면 어떨까? 어쩌면 우리도 곧 조그맣고 하얀 집을 갖게 되지 않을까?"

톰은 그런 어머니의 모습을 지켜보며 말했다.

"나는 캘리포니아에서 온 녀석을 알고 있는데, 어머니처럼 말하지 않던데요. 요즘은 거기서도 많은 사람들이 일자리를 찾아 헤맨대요. 게다가 임금이 싸서 제대로 물건을 사지도 못한대요."

어두운 그늘이 어머니의 얼굴을 스쳤다.

"그렇진 않을 거야. 아버지가 광고지를 가져왔는데, 거기에는 일손이 엄청나게 모자란다고 씌어 있더라. 광고를 내는 데도 돈이 많이 들 텐데, 왜 그런 거짓말을 하겠니?"

"모르겠어요. 하지만 어머니가 말한 것처럼 좋은 일이 있을 거예요. 그런데 할아버진 어디 갔을까? 목사님은?"

"목사님은 근처를 좀 돌아다니다 오겠다고 했어. 할아버지는 안에서 주무시고."

어머니는 빨래를 널기 시작했다. 톰은 등 뒤에서 질질 끄는 발소리를 들었다. 할아버지가 침실에서 나오고 있었다.

"망할 것들! 늙은이가 자는데 떠들다니. 그래, 우린 곧 떠날 거란 말이지. 거긴 포도가 잔뜩 있단 말씀이고. 포도알을 마구 으깨서 포도즙이 바짓가랑이에 흐르게 할 거다."

톰은 웃었다. 할아버지는 상자를 꺼내 놓고, 그 위에 턱 걸터앉았다.

"암, 그렇고말고. 어서 가자."

톰은 문간 층계에 앉아 바깥쪽으로 눈을 돌렸다.

"목사님이 오시네요."

어머니가 말했다.

"저 양반이 했던 오늘 아침 기도 말이다. 뭐 그런 기도가 다 있냐? 그런 기도는 생전 처음 들어본다. 기도 같지도 않고, 무슨 중얼거림 같더구나."

"좀 특이한 사람이에요. 언제나 혼잣말을 중얼거리는데, 남이 알아듣거나 말거나 상관하지 않아요."

"그 양반 눈을 보면 그래도 마음이 깨끗한 사람이야."

"그렇게 돌아다니면 일사병에 걸려요."

하고 톰이 케이시에게 말했다.

그러자 느닷없이 케이시는 이렇게 호소했다.

"저도 서부에 가야 합니다. 꼭 가야 합니다. 당신들과 함께 갈 수 있을까요?"

어머니는 톰이 뭔가 말해 주길 기다렸지만, 톰은 아무 말도 하지 않았다. 그러자 어머니가 말했다.

"같이 간다면 우리도 좋지요. 물론, 지금 당장 결정 내릴 문제는 아니지만. 오늘 밤 남자들이 모여서 떠나는 날을 결정한대요. 여유만 있다면 모두 같이 가길 원할 거예요."

케이시는 한숨을 길게 쉬었다.

"나는 꼭 갈 겁니다. 이제 내가 있을 자리는 이 곳이 아닙니다. 모두가 가는 곳으로 나도 가야 합니다. 나도 밭에서 일을 할 생각입니다."

"설교는 안 하시고요?"

톰이 물었다.

"나는 여러분 곁에서 여러분과 함께 일할 겁니다. 그렇다고 여러분을 가르치겠다는 것은 아닙니다. 오히려 내가 배워야 하지요."

케이시의 눈이 눈물에 젖어 빛났다. 오후 늦게 흙먼지 속을 털털거리면서 트럭이 돌아왔다. 앨은 핸들을 움켜잡고 운전석에 앉아 있었다. 운전은 자신 있다는 표정이었다. 아버지와 큰아버지는 가장답게 운전석 옆자리에 앉았다. 다른 사람들은 트럭의 짐칸에서 가로대를 붙잡고 있었다. 먼지를 뒤집어쓴 열두 살짜리 루디와 열 살짜리 윈필드는 몹시 피로한 기색이었다. 무릎 아래까지 내려오는 분홍빛 드레스를 입은 루디는 제법 소녀티를 냈다. 그러나 윈필드는 아직도 코흘리개 개구쟁이였다. 그 옆에 가로대를 붙잡고 '샤론의 장미'가 서 있었다. 그녀는 임신 중이라 몸가짐이 조심스러웠다. 말괄량이 처녀와 결혼한 열아홉 살 난 남편 코니가 그 옆에 서 있었다.

먼지투성이 길을 달리면서, 세 남자는 말없이 껌을 씹고 있었다. 앨은 도로와 계기판을 번갈아 보며 운전에 열중했다. 만약, 무슨 고장이라도 나면 그것은 앨의 잘못이다. 그래서 바늘을 살피는 그의 얼굴은 진지했

다. 트럭에 타고 있는 사람들은 모두 지쳐 있었다. 운전석 옆에 앉아 있는 남자들은 농장에서 갖고 간 물건 전부가 단돈 18달러밖에 되지 않았기 때문에 화가 나 있었다. 앨이 말했다.

"놈은 이 고장 놈이 아니에요. 말씨도 틀리고, 옷차림도 달랐어요."

그러자 아버지가 설명했다.

"내가 아까 철물점에 갔을 때 거기 있는 사람들하고 이야길 했는데 그 사람들이 이런 말을 하더라. 요즘 낯선 사람들이 와서, 어쩔 수 없이 물건을 팔아야 하는 우리 같은 사람들의 물건을 사러 돌아다닌다는 거야. 그놈들은 확실히 한몫 보고 있다고 하더라."

"하지만 그놈은 전혀 살 생각이 없던걸."

하고 큰 아버지가 얘기하자, 아버지가 대꾸했다.

"일부러 그런 수법으로 나오는 거예요. 그래서 겁을 준 뒤, 값을 내리는 거죠. 18달러밖에 못 받았다고 하면 집사람이 낙심할 텐데 어쩌지?"

그 때 앨이 아버지에게 물었다.

"아버지, 언제 떠날 건가요?"

"모르겠다. 오늘 저녁에 의논해 보자."

"아버지, 어떤 놈들에게 형 이야기를 했더니 형은 가석방으로 나왔대요. 그래서 형은 이 주에서 나가면 안 된대요. 만약에 나갔다가 경찰에게 붙잡히면 다시 형무소로 들어가야 한대요."

"내가 톰에게 물어 봐야겠다. 그게 사실이 아니라면 좋겠구나."

그들은 이제 입을 다물었고, 트럭은 덜컹거리면서 달렸다. 트럭이 집 앞에 도착했을 때, 어느 새 태양은 자취를 감췄다. 루디와 윈필드는 옆 널빤지를 넘어 땅바닥에 뛰어내렸다. 그들은 외쳤다.

"톰 오빠, 어딨어?"

톰이 달려와,

"잘 있었니?"

하고 말을 건넸다. 코니는 높다란 트럭의 뒷문을 떼고 밑으로 내려와서 샤론의 장미를 부축했다. 톰이 말했다.

"아니, 로저샨이 아니니? 이렇게 같이 올 줄은 몰랐어."

"마침, 걸어오다가 트럭을 만났어요. 이 사람은 코니, 내 남편이에요."

저녁에는 몹시 무더웠다. 햇살이 아직도 서쪽 지평선에서 하늘로 퍼지고 있었다. 가족들은 모두 트럭 옆으로 모였다. 그리하여 가족 회의가 열리고, 아버지가 입을 열었다.

"물건은 아주 헐값으로 팔았다. 우리가 급하다는 것을 알고, 값을 쳐주지 않더구나. 18달러가 전부다."

장남 노아가 물었다.

"그럼, 우리가 가진 돈은 다 합쳐서 얼마죠?"

"154달러. 한데 앨이 좀더 좋은 타이어를 사야 한다는구나. 이 타이어로는 도저히 갈 수 없대."

앨이 말했다.

"이 차는 낡았어요. 나는 이 차를 사기 전에 자세히 점검했어요. 판매인은 이렇게 싸고 좋은 물건은 없다고 했지만, 나는 그 말에 넘어가지 않았어요. 왜 이 차를 샀느냐 하면 이게 가장 흔한 차종이기 때문이에요. 폐차장에 가면, 이것과 같은 허드슨이 산더미처럼 쌓여 있대요. 그러면 부품을 싸게 살 수도 있죠. 같은 돈으로 좀더 큰 차를 살 수도 있었지만, 그런 건 부품 구하기가 너무 힘드니까요."

"그만하면 됐다, 앨."

하고 할아버지가 말했다.

"너도 이젠, 아주 의젓한 어른이 다 됐구나."

아버지가 대견하다는 듯이 앨을 쳐다보았다.

"나도 어느 정도는 알고 있어요. 맥알레스터에서 차를 조금 몰아 봤서든요. 앨의 말이 맞아요. 아주 잘했어, 앨."

앨은 톰의 칭찬을 듣자, 얼굴이 붉어졌다. 톰이 말을 이었다.

"참, 의논할 얘기가 있어요. 목사님이 우리와 같이 가고 싶다는군요."

가족들은 잠자코 있었다.

"목사님은 좋은 사람이에요. 우린 그 사람을 오래 전부터 알고 있었잖아요. 어떻게 하면 좋을까요?"

아버지가 말했다.

"같이 갈 사람이 모두 열둘이다. 개도 데리고 가야 해. 그런 좋은 개를 죽일 수도 없고, 다른 사람한테 주고 싶어도 기를 사람이 있어야지. 그러니 모두 합치면 열넷이야."

"닭과 돼지도 있는데요."

하고 노아가 말했다. 그러자 아버지가 말했다.

"돼지는 가면서 먹을 수 있게 소금에 절일 거야. 문제는 목사까지 태울 수 있을까 하는 거지. 할 수 있을까, 여보?"

"할 수 있을까가 아니라, 하겠느냐가 문제예요. 할 수 있을까를 말하고 있다간 우린 아무것도 못 해요."

"하지만 태워 줄 자리가 없어."

"지금도 자리는 부족해요. 한 명 더 탄다고 큰일나지는 않겠지요."

할머니가 말했다.

"목사는 함께 있으면 힘이 되지."

아버지는 다른 의견이 있는지 둘러본 뒤 이렇게 말했다.

"톰, 목사더러 이리 오라고 해라. 같이 가려면 여기 있어야지."

톰이 목사를 찾으러 갔다. 집 모퉁이를 돌아가 보니 목사는 앉아서 저녁 샛별을 바라보고 있었다.

"당신이 우리와 함께 가고 싶다면, 우리와 같이 의논하는 게 좋을 것 같네요."

케이시는 자기도 함께 간다는 것을 알고 자리에서 일어났다. 목사가 도착하자 아버지가 말했다.

"자, 그럼 언제 출발할지 결정하자. 빠르면 빠를수록 좋아. 떠나기 전에 우리가 할 일이란 저 돼지를 잡아서 소금에 절이는 일과, 짐을 꾸리는 일뿐이니까."

"배가 고프구나. 캘리포니아에 가면 큼직한 포도송이를 손에 들고 마구 먹을 테다. 자, 어서 돼지를 잡자!"

할아버지의 말에 가족은 제각기 움직이기 시작했다. 노아는 식칼을 숫돌에 갈았다. 아버지는 길이 3피트 가량의 튼튼한 몽둥이를 두 개 꺼내 왔다. 그런 다음 도끼로 양 끝을 뾰족하게 하고, 두 겹짜리 밧줄로 몽둥이 중간을 동여맸다. 부엌에서는 주전자의 물이 김을 내며 끓었다. 노아는 칼을 집어들고, 앨은 도끼를 집었다. 그리고 그들은 돼지 우리로 갔다. 루디와 윈필드가 깡충깡충 뛰면서 따라갔다. 어린 돼지 두 마리는 자기들의 죽음을 아는지 꿀꿀거렸다.

남자들이 힘을 합해 돼지를 잡았다. 털을 문질러 내는 작업이 끝나자, 몇 방울의 피가 몸뚱이에서 바닥으로 떨어졌다. 할아버지와 할머니는 헛간으로 자러 갔다. 아버지가 말했다.

"내일 아침 일찍, 저 돼지를 소금에 절이자. 그런 다음 트럭에 짐을 싣자. 그리고 모레 아침에는 이 곳을 떠난다."

톰이 끼어들었다.

"그렇담, 하루 종일 하는 일 없이 보내게 될 걸요. 하려고 마음만 먹으면 날이 샐 때까지 떠날 준비를 다 할 수 있어요."

뭔가 초조한 기운이 그들 사이에 퍼졌다. 노아가 말했다.

"지금 바로 고기를 절여도 상하지 않을걸요."

그러자 큰아버지가 가족들을 향해 소리 질렀다.

"뭘 꾸물거리는 거야! 어차피 떠날 바엔 빨리 떠나는 게 좋아."

"그래, 떠나자. 잠이야 도중에 자면 되니까. 사람들이 그러는데, 거기까지는 3천 2백 킬로미터나 된다는구나. 보통 먼 길이 아니야. 노아야, 너는 나와 같이 고기를 자르자. 나머지는 짐을 트럭에 실어라."

아버지의 말이 떨어지자마자, 가족들은 서두르기 시작했다. 남자들은 가지고 갈 물건을 꺼내 트럭 옆에 쌓았다. 샤론의 장미는 가족들 옷을 꺼내 나무 상자에 넣고, 발로 꾹꾹 밟았다. 톰은 연장을 정리했고, 어머니는 노아와 함께 분주하게 돼지고기를 절였다. 밤이 깊어지자 아이들은 쓰러져 잠들었다. 그 때 목사가 어머니 곁으로 갔다.

"고기 절이는 일은 내가 하지요. 그 정도는 나도 할 수 있어요. 아주머니는 할 일이 많으실 테니."

"이건 여자가 할 일이에요."

"지금은 남자 여자 일을 구별할 시간이 없습니다. 고기 절이는 일은 저에게 맡기시고, 다른 일을 하세요."

어머니는 집 안으로 들어가 의자 대용으로 쓰던 상자 뒤로 손을 넣어, 낡고 때묻은 귀중품 상자를 하나 꺼냈다. 그리고는 의자에 앉아서 조용히 상자를 열었다. 그 속에는 편지, 사진, 귀걸이, 결혼 반지, 시계줄 등이 들어 있었다. 어머니는 톰의 재판 기사가 실린 신문 스크랩을 펴고는 오래오래 그것을 들여다보았다. 어머니는 생각에 잠겨 아랫입술을 깨물었다. 그런 다음 귀중품들을 정리했다.

어두운 앞마당에서는 아버지와 앨이 등불 아래서 트럭에 짐을 실었다. 운전석 바닥에 연장을 싣고, 그 다음에 부엌 세간을 실었다. 트럭 위쪽에는 1갤런들이 양동이를 매달고, 짐들을 가능한 한 편편하게 만들었다. 마지막으로 그들은 커다란 방수포를 덮었다. 앨이 말했다.

"혹시 비가 오면 이것을 위쪽 가로대에 매면 돼요. 그리고 그 밑에 들어가면 젖지 않을 거야. 앞좌석은 처음부터 젖을 염려가 없고."

"그거 좋은 생각이구나!"

하고 아버지가 앨을 칭찬했다.

"그뿐인가요? 기회만 되면 긴 널빤지를 구해다 걸치고, 그 위에 방수포를 씌우면 햇빛도 피할 수 있을 거예요."

"녀석, 머리도 좋구나. …… 우린 여기서 너무 많은 고생을 했다. 캘리포니아는 분명 여기와는 다를 거야. 일자리도 많고, 주변에는 오렌지 나무가 자라고."

새벽의 어스름 빛이 하늘에 떠돌기 시작할 때쯤, 모든 일이 끝났다.

"할아버지 할머니를 깨워야지요."

하고 톰이 말하자 어머니가 말했다.

"좀더 주무시게 해 드려라. 노인네들은 잠이 필요해. 루디와 윈필드도 그냥 더 자게 두고."

그 때 갑자기 개들이 먼지 속에서 귀를 쫑긋거리며 일어났다. 어디선가 발소리가 들리더니 한 남자가 다가왔다. 뮬리였다.

"뮬리, 웬일이야? 어서 와서 고기 좀 먹게나!"

"괜찮습니다. 전 배가 고프지 않아요. 이 근처를 지나다가 잠깐 들렀습니다. 인사라도 하고 가려고요."

"우린 막 떠나려고 했어. 한 시간만 늦게 왔어도 우릴 만나지 못했을 거야."

하고 아버지가 말했다.

"나도 가끔은 식구들을 찾아갈까 하는 생각을 하죠."

"캘리포니아에서 무슨 소식이라도 들었나?"

하고 어머니가 물었다.

"아뇨, 아무 소식도 없어요."

그 때 아버지가 말했다.

"앨, 어서 가서 할머니 할아버지를 깨워 드려라. 조금 있으면 떠날 텐데 뭐라도 좀 먹어 둬야지."

앨이 광 쪽으로 걸어가자 아버지는 다시 말했다.

"뮬리, 자네도 우리와 함께 떠나지 않겠나? 어떻게든 자리를 만들어 볼 테니."

"난 안 가요."

뮬리의 대답에 노아가 말했다.

"뮬리, 너 그러다가 들판에서 쓰러져 죽을지도 몰라."

"알아. 그래서 울적한 기분이 들 때도 있어. 혹시 우리 가족들을 만나거든, 나는 잘 있다고 전해 줘. 사실은 그걸 부탁하러 온 거야."

새벽빛이 점점 밝아왔다. 할아버지가 한쪽 다리를 질질 끌면서 앨과 같이 왔다. 앨이 말했다.

"할아버지는 깨셨어요. 근데, 어디가 불편하신 것 같아요."

할아버지의 눈은 흐릿했다.

"나는 아무렇지도 않아……. 그저, 난 가지 않을 생각이다."

"안 가시다니요? 그게 무슨 말씀이세요? 우린 이제 있을 곳도 없다고요."

하고 아버지가 놀라서 소리쳤다.

"너보고 여기 남아 있으라고 하진 않아. 너는 네 맘대로 해. 하지만 난 안 간다. 밤새도록 생각했다. 여기는 내 고향이야. 그러니 죽어도 여기서 죽어야 해. 오렌지 나무와 포도가 아무리 많아도 나는 싫다. 이 곳은 좋은 땅은 아니지만, 어쨌든 내 고향이다. 나는 안 간다!"

식구들은 할아버지 주위로 모여들었다. 아버지가 말했다.

"그럴 순 없어요! 어떻게 여기서 혼자 사신다는 거죠? 여기서는 더 이상 살 수 없어요."

"나도 뮬리처럼 혼자 살 수 있어. 너희들이 아무리 화를 내도 어쩔 수 없다."

톰이 아버지의 어깨에 손을 얹으며 말했다.

"아버지, 어머니. 잠시 집 안으로 들어가세요. 드릴 말씀이 있어요."

부엌에는 등불이 하나 켜져 있었다. 톰이 말했다.

"할아버지가 가지 않겠다는 마음을 저는 이해해요. 하지만, 저렇게 혼자 남아 계시게 할 수는 없어요. 그래서 하는 말인데, 만약 우리가 할아버지를 붙잡아서 묶거나 하면 다치실지도 모르고, 할아버지는 화가 나서 난리를 피우실지도 몰라요. 그렇다고 할아버지를 설득시킬 수도 없고요. 그러니 눈 딱 감고 할아버지를 취하게 만들면 어때요? 혹시 남은 위스키 있나요?"

"없어."

하고 아버지가 말했다.

"어딘가에 윈필드가 귀앓이를 할 때 쓴 진통제 시럽이 남아 있을 거야. 그건 안 될까? 통증이 심할 때 그걸 먹여서 윈필드를 재웠거든."

"어쩌면 가능할지도 모르겠어요. 어머니, 그걸 찾아 주세요."

어머니는 등불을 들고 밖으로 나갔다. 그리고 금세 오른손에 병을 들고 들어왔다. 어머니는 난로에 주전자를 올려놓고 물과 커피를 넣고는 진통제를 넣었다. 톰과 아버지는 밖으로 나갔다.

"어머니가 할아버지께 드리려고 커피와, 돼지고기를 준비하고 있어요."

할아버지는 안으로 들어가 커피를 마시고, 돼지고기를 먹었다. 사람들은 조용히 할아버지를 지켜보았다. 잠시 후 할아버지는 하품을 하고 기지개를 켰다. 이윽고 할아버지는 테이블에 두 팔을 올려놓고, 팔에 머리를 얹은 채 깊이 잠들었다. 이제 모든 준비는 끝난 것이다. 그 때 할머니가 나타나 정신없이 중얼거렸다.

"아니, 이게 다 뭐냐? 아침부터 뭘 하는 거야?"

그 바람에 루디와 윈필드도 잠을 깼다. 빛이 빠르게 지상을 덮기 시작했다. 그런데 막상 떠날 때가 되자, 식구들은 주저했다. 그들은 다가올 미래가 두려웠던 것이다. 가족들은 모두 몽유병 환자들처럼 멍해 있었다. 오직 뮬리만 이곳 저곳을 돌아다녔다. 그는 톰에게 물었다.

"너 주 경계선을 넘을 참이냐? 가석방 문제는 어떻게 하고?"

톰은 자기 몸을 흔들어 정신을 차렸다.

"그래도 떠나야 해."

그러자 다른 식구들도 몽롱한 상태에서 깨어나 움직이기 시작했다.

"할아버지부터 태워야지."

하고 톰이 말했다. 아버지와 큰아버지와 톰이 할아버지를 트럭에 태웠다. 할아버지는 술취한 사람처럼 뭐라고 중얼중얼거리며 욕을 해 댔다. 아버지가 말했다.

"여보, 우선 당신과 어머니, 그리고 앨이 앞에 타. 나중에는 서로 교대해서 타겠지만."

두 사람은 운전석에 올라탔다. 코니와 샤론의 장미, 아버지와 큰아버지, 그리고 루디와 윈필드가 짐 위로 올라갔다. 톰과 목사와 노아는 땅에 서서 트럭 위에 올라앉은 사람들을 보았다. 노아가 말했다.

"아버지, 개들은 어떡하죠?"

"아, 그렇지. 개를 잊었군!"

아버지가 휘익 휘파람을 불었다. 그러자 개 한 마리가 뛰어왔다. 한 마리밖에 오지 않아서, 노아가 개를 꼭대기에 올렸다. 개는 그 높이에 놀라 떨었다. 아버지가 말했다.

"다른 개들은 남겨 두고 갈 수밖에! 뮬리, 다른 두 마리 개를 보살펴 줄래? 굶어 죽지나 않게 말야."

"그러죠."

"닭도 부탁한다."

앨이 운전석에 들어가 앉았다.

"잘 있어, 뮬리!"

하고 앨이 소리쳤다. 그러자 가족들 모두가 소리쳤다.

"잘 있어, 뮬리!"

어머니는 고개를 돌려 뒤를 보려고 했다. 하지만 짐더미에 가려 아무 것도 보이지 않았다. 짐 위에 앉은 사람들은 뒤를 돌아보았다. 뮬리가 문 앞에 우두커니 서서 자기들을 바라보고 있었다. 트럭은 먼지 속을 빠져 나와 서부를 향해 천천히 기어갔다.

8

짐을 산더미처럼 실은 낡은 허드슨은 덜커덩거리고, 부르릉 소리를 내며 달렸다. 태양은 눈부실 정도였다. 핸들을 잡은 앨은 온 신경을 차에 쏟았다. 앨은 엔진과 하나가 되었다. 그는 온 신경을 곤두세워 차의 약점, 고장의 원인이 될지도 모르는 약간의 둔한 소리나 삐걱거리는 소리, 쉰 듯한 소리를 가려 내려고 했다. 앨 옆자리에 앉은 할머니는 반쯤 졸고 있었고, 그 옆에 앉은 어머니는 앞을 바라보고 있었으나, 그 눈에는 생기가 없었다. 앨은 차를 몰다가 한숨을 쉬었다.

"시끄러운 소리가 나네. 하지만 이 차는 문제없겠지. 한데, 이 무거운 짐을 싣고 언덕을 오르면 어떻게 될지도 몰라. 엄마, 캘리포니아로 가는 중간에 언덕이 있나요?"

"나도 잘 모르지만 언덕이 있다고 들은 것 같아. 그리고 아마 산도 있다지."

"오르막길이 있다면, 아무래도 제대로 가기는 어렵겠네요. 짐을 좀 버려야겠어요. 그 목사, 데려오지 말 걸 그랬나 봐요."

"도착하기 전에 목사님을 데리고 오길 잘했다고 생각할 거다."

"엄마, 낯선 고장으로 가는 게 무섭지 않으세요?"

"약간은 무서워. 하지만 난 무슨 일이든 내가 할 수 있는 일이 생기면, 무서워하지 않고 그것을 할 생각이다."

"우리가 가는 데가 어떤 곳인지 생각해 본 적이 있나요? 우리가 생각했던 것처럼 좋은 곳이 아니면 어쩌나 하는 고민은 왜 안 해요?"

"난 그런 고민은 안 한다. 너도 그래선 안 돼!"

그 때 할머니가 하품을 하며 눈을 떴다. 그리고 주위를 휘둘러 보았다.

"난 내려야겠다. 오, 하느님!"

하고 할머니가 말했다.

"다음 숲에서요."

"숲이 있거나 말거나 난 내려야겠다. 내려야 한다고!"

앨은 속력을 냈다. 그리고 야트막한 숲 앞에서 차를 세웠다. 어머니가 할머니를 모시고 차에서 내려, 숲 속으로 모시고 들어갔다. 할머니는 거기서 쪼그리고 앉아 오줌을 누었다. 트럭의 짐 위에 앉아 있던 가족들도 차에서 내려왔다. 방수포 밑에서 할아버지가 눈을 뜨고 고개를 내밀었다. 톰이 할아버지를 불렀다.

"할아버지, 내리고 싶으세요?"

순간 할아버지의 눈에 사나운 빛이 되살아났다.

"나는 안 간다고 했잖니? 뮬리처럼 여기 있겠다."

그리고는 다시 멍청해졌다. 그 때 어머니가 할머니를 부축하고 돌아왔다. 어머니가 톰에게 말했다.

"톰, 뼈를 담은 냄비 좀 줄래? 뭘 좀 먹어야지."

이렇게 해서 식구들은 길바닥에 앉아서 식사를 해결했다. 아버지가 말했다.

"물은 어디 있지?"

이 말에 식구들은 모두 갈증을 느꼈다. 윈필드가 졸라 댔다.

"물 줘! 나 목말라."

하지만 물은 없었다. 앨이 말했다.

"다음 번 주유소에서 물을 얻어 보자고. 가솔린도 사야 하니까."

식구들은 다시 트럭에 허둥지둥 올라탔다. 그리고는 곧장 달렸다. 얼마쯤 지나자 길가에 오두막집이 있고, 그 앞에 가솔린 펌프가 있었다. 나무 울타리 옆에는 수도 꼭지와 호스도 보였다. 앨은 트럭 머리를 호스 앞에 갖다 댔다. 그 때 뚱뚱한 남자가 험상궂고 엄격한 얼굴로 다가왔다.

"당신네들 뭐요? 가솔린이야, 아니면 뭐 다른 물건이오?"

"가솔린이 좀 필요해요."

"돈은 있나?"

"물론이지. 우리가 거진 줄 아쇼?"

그러자 사나이의 얼굴에서 험상궂은 표정이 사라졌다.

"좋소. 그렇다면 마음대로 물을 쓰시오. 최근에는 거의 매일 이 길이 사람들로 꽉 들어찼답니다. 모두들 몰려와서 물을 쓰고 화장실을 더럽히고……. 심지어는 물건까지 훔쳤지요. 게다가 한술 더 떠서 가솔린을 그냥 달라고 구걸까지 하니, 원."

톰은 화가 난 듯 말했다.

"우리는 돈을 줄 거요."

"그러니 어서 물을 쓰시오. 필요하면 화장실을 써도 좋소."

호스를 잡은 윈필드는 물을 마시고 나서, 머리와 얼굴에도 한바탕 끼얹더니 이렇게 중얼거렸다.

"물이 시원하지가 않아."

"원, 어떻게 되는 건지 통 알 수가 없다니까."

하고 뚱뚱한 사나이가 말했다.

"매일 5, 60대의 차가 지나가지요. 모두 살림살이들을 싣고 서쪽으로 간단 말이오. 대체 다들 어디로 가는 거요?"

"어디론가 살기 위해 가는 거지. 어떻게든 살아 보려고 말이오."

앨은 라디에이터 캡을 틍겼다. 캡이 증기에 밀려 공중으로 날았다. 앨은 호스로 라디에디터에 물을 채웠다.

"우리 뒷방에 가면 물건이 잔뜩 있다오. 가솔린 값 대신 받은 거지. 침대에 유모차에, 냄비까지. 고물상을 차릴 판이라오."

케이시도 머리에 물을 퍼부은 뒤 톰 옆으로 걸어왔다.

"그건 사람들이 나빠서 그런 게 아니오. 당신도 자기가 쓰던 물건으로 가솔린을 사 보시오, 어떤 기분이 드는지."

"나도 그 사람들이 나쁘지 않다는 것은 알아요. ……. 하여간, 뭐가 어떻게 되는 건지 통 알 수가 없군요."

앨은 모터에 시동을 건 뒤, 트럭을 가솔린 펌프가 있는 곳으로 갖다 댔다.

"가득 채워 줘요. 7갤런 정도는 들어갈 거요."

뚱뚱한 사나이는 탱크에 호스를 찔렀다.

"나는 도무지 이 지방이 어떻게 되어 가는 건지 모르겠어."

케이시가 말했다.

"나는 시골로 돌아다녔는데, 모두들 그렇게 물어 보더군. 어떻게 되는 거냐고. 나는 결국 어떻게도 되지 않는다고 생각해. 언제나 일의 과정일 뿐이니까. 지금보다 조금 더 나은 것을 얻으려고 이렇게 움직이는 거지."

"시골이 변하고 있어요. 여기 사람들이 모두 죽어가고 있다고요. 아마, 당신도 머지않아 이 곳을 떠나게 되겠지요. 당신을 밀어 내는 건 우리처럼 트랙터가 아니오. 저 마을에 새로 들어선 아름다운 주유소겠지."

그러자 그 사나이가 걱정스런 표정으로 톰에게 물었다.

"사실, 우리 가족도 짐을 꾸려 서부로 갈 계획을 세우고 있었다오. 하지만 어떻게 될진 잘 모르겠소."

수도 호스 앞에서는 코니와 샤론의 장미가 서서 소곤대고 있었다. 코니는 컵을 아내에게 내밀었다.

"물이 시원하지는 않지만, 그래도 갈증은 가실 거야."

샤론의 장미는 하찮은 일도 코니의 도움을 청했고 코니도 그녀의 부탁을 즐겁게 들어주었다.

그 때 나지막한 은빛 링컨 제페르 자동차 한 대가 그들 앞을 질주해 지나갔다. 샤론의 장미는 차 쪽으로 눈을 돌렸다.

"저걸 타고 달리는 기분은 어떨까?"

코니는 한숨을 쉬었다.

"언젠가는 우리도 저걸 탈 수 있을거야. 만약, 캘리포니아에서 일이 많으면말야. 하지만 저런 건 집 한 채 값은 돼. 그럴 바엔 차라리 집을 사지."

"난 집도 차도 다 갖고 싶어. 하지만 집이 먼저야."

개가 코를 킁킁거리며 물웅덩이 쪽으로 가더니, 흙탕물을 마셨다. 그리고는 다시 포장도로 쪽을 어슬렁거렸다. 그 때 커다란 차 한 대가 질주해 오더니, 끼익하고 급정거를 했다. 개는 비명 소리를 내며, 자동차 바퀴에 깔렸다. 차는 잠시 속도를 늦추더니, 다시 속력을 내고 사라졌다. 피범벅이 된 개가 길바닥에서 버둥거렸다. 샤론의 장미가 겁에 질린 듯한 표정으로 물었다.

"괜찮을까요?"

코니가 한쪽 팔로 샤론의 장미를 감쌌다.

"이리 와서 앉아. 아무 일 없을 거야."

그 때 뚱뚱한 사나이가 트럭 뒤에서 나왔다.

"도로 근방에 있는 개들은 오래 살지 못해요. 우리 개도 일 년에 세 마리나 치여 죽었어요. 저 개는 내가 처리해 주겠소. 옥수수밭에 묻어 줄게요."

어머니는 떨고 있는 샤론의 장미에게 다가갔다.

"엄마, 괜찮을까요?"

"그래, 괜찮을 거야."

"이제 그만 떠나죠. 갈 길이 멀잖아요."

톰의 말에 아버지가 날카롭게 휘파람을 불어 아이들을 찾았다. 루디와 윈필드는 옥수수밭에서 나오다가 죽은 개를 봤다.

"저런!"

하고 아이들이 소리쳤다. 트럭에 오른 윈필드가 죽은 개를 가리키며 말했다.

"창자가 나왔어."

그리고는 트럭 너머로 먹은 것을 토해 냈다.

"누나, 돼지를 죽이는 것과는 너무 달라."

윈필드의 눈가는 촉촉히 젖어 있었다. 앨이 차의 오일 양을 점검하고 있을 때, 톰이 다가와 물었다.

"내가 운전할까?"

"아니, 아직 피곤하지 않아."

하고 앨이 말했다.

"앨, 넌 어젯밤 한숨도 못 잤잖아?"

"그럼 그렇게 할까? 하지만 오일 계기판을 잘 봐야 해. 그리고 짐을 너무 많이 실었으니까 차를 천천히 몰아야 해."

식구들은 다시 트럭 위로 올라갔다. 톰은 운전대에 앉아 시동을 걸고, 교외로 차를 몰았다. 길가에 낡은 포장형 자동차 한 대가 서 있었고, 그 곁에 조그만 텐트가 있었다. 톰은 길가에 차를 세웠다. 낡은 포장형 자동차는 덮개가 열려 있었고, 중년 남자가 모터를 들여다보고 있었다. 톰이 창을 열고 남자에게 물었다.

"여기서 밤샘을 하면 법에 걸리나요?"

"글쎄요. 우리는 더 이상 갈 수가 없어서 여기 섰답니다."

"이 근방에 물이 있나요?"

사나이는 저쪽 주유소의 오두막을 가리켰다. 톰은 다시 물었다.

"우리도 여기서 캠프를 해도 되나요?"

"내 땅이 아니니까, 난 상관 없어요."

"그래도 당신이 먼저 차지했으니까, 이웃을 원하는지 아닌지 말할 권리가 있어요."

"물론이오. 같이 있게 되어서 반갑소."

그런 다음, 남자는 누군가를 불렀다.

"세어리, 어서 나와 인사해."

텐트 입구를 들치고 얼굴이 야윈 여자가 나왔다. 톰이 트럭을 포장형 자동차 옆에 갖다 세우자, 식구들이 트럭에서 내렸다. 루디와 윈필드는 너무 서두르다 발을 삐었다. 어머니는 아이들에게 물을 길어 오라고 시킨 다음, 저녁을 준비했다. 아이들은 타박타박 주유소를 향해 걸어갔다. 아버지가 먼저 말했다.

"당신들은 오클라호마 사람이 아니군요."

"예, 갤리나에서 왔어요. 이름은 윌슨, 아이비 윌슨이오."

"우리는 조드라고 하오."

노아와 큰아버지와 목사는 트럭에서 짐을 내린 뒤, 할아버지를 부축해서 바닥에 앉혔다. 할아버지는 바닥에 털썩 주저앉았다.

"할아버지, 어디 편찮으세요?"

하고 노아가 물었다.

"그래, 아주 안 좋구나."

그러자 세어리가 할아버지에게로 조심스럽게 다가와 말했다.

"저희 텐트에 들어가서 좀 쉬세요."

그러자, 할아버지는 느닷없이 울기 시작했다. 아버지는 할아버지를 거의 안아 올리듯해서 텐트로 모시고 갔다. 큰아버지가 말했다.

"아버지가 몹시 불편하신가 봐."

텐트에서 나온 어머니가 케이시에게 가서 말했다.

"병자를 다루신 적이 많으시죠? 가서 할아버지를 좀 봐 주세요."

케이시는 텐트로 갔다. 세어리 윌슨이 매트리스 옆에 앉아 있었다. 케이시는 맥을 짚었다. 할아버지의 다리와 두 손이 떨렸다. 그러자 세어리 윌슨이 케이시에게 말했다.

"뇌일혈 같아요. 전에 세 번이나 이런 경우를 보았거든요."

어머니가 텐트를 들여다보며 말했다.

"어머님이 들어오고 싶어하시는데……."

그러나 케이시는 고개를 저었다. 잠시 후 어머니의 목소리가 들렸다.

"어머니, 아버님은 괜찮으세요. 그냥 좀 쉬고 계신대요."

그러자 할머니가 퉁명스럽게 대답했다.

"내가 직접 봐야 해. 영감은 속임수의 명수니까!"

그리고는 텐트 안으로 들어와 할아버지를 내려다보았다.

"영감, 왜 그러는 거예요?"

순간 할아버지의 입술이 일그러졌다. 그것을 본 할머니가 이렇게 말했다.

"영감이 화가 났군! 전에도 이렇게 아무하고도 말하지 않은 적이 있었어."

그러자 케이시가 나지막하게 말했다.

"할아버지는 화가 나신 게 아니라 병이 나셨어요, 할머니."

그러자 할머니가 말했다.

"그런데 왜 기도를 안 하죠? 당신은 목사가 아닌가요?"

"전 이제 목사가 아닙니다."

"어쨌든 기도해요. 당신은 기도를 외고 있을 테니."

"저는 뭘 기도 드려야 하는지, 누구에게 기도 드려야 하는지 모르겠는걸요."

할아버지는 무척 고통스러운 모양이었다. 느닷없이 무엇에 얻어맞은 것처럼 움직이더니, 갑자기 호흡이 멎었다. 할아버지의 얼굴은 점점 거무스름하게 변해 가고 있었다.

할머니가 다급하게

"기도해. 어서 기도해! 이 빌어먹을 놈아!"
하고 외쳤다.

케이시는 한순간 할머니를 쳐다보았다. 그리고는 주기도문을 외우기 시작했다. 하지만 할아버지의 호흡은 점점 사그라지고 있었다. 텐트 밖의 사람들은 숨을 죽인 채 조용히 서 있었다. 세어리는 할머니의 손을 잡고 밖으로 나갔다. 그리고 땅바닥에 깔아 놓은 매트리스 위에 앉혔다. 잠시 후 케이시가 나왔다. 아버지는 그에게 조용히 물어 보았다.

"어떻게 된 거요?"

"중풍이었어요. 아주 급성으로 온 중풍 말이오."

가족들은 한자리에 모였다. 잠시 후 할머니가 옆으로 드러누워 한쪽 팔로 얼굴을 가렸다. 그러자 아버지가 말했다.

"윌슨 씨의 텐트 속에서 할아버지가 돌아가셨어. 그들은 참 친절한 사람들이야."

윌슨은 자기 차 옆에 서 있었고, 세어리는 할머니 곁에 앉아 있었다. 아버지가 윌슨 씨를 불렀다. 그가 가족들에게 오자 아버지가 말했다.

"두 분에게 감사드립니다."

"뭘요, 마땅히 해야 할 일인데요."

그 때 앨이 말했다.

"형하고 제가 아저씨의 차를 고쳐 드릴게요."

"도와주신다면 다행이지요."

하고 윌슨은 앨의 제의를 받아들였다. 아버지가 가족들에게 말했다.

"할아버지의 사망신고를 해야 해. 장례 비용으로 40달러는 내야 될 거야. 하지만 우리가 가진 돈은 50달러뿐이야. 할아버지 장례비로 40달러를 내면, 우리는 캘리포니아에 못 가. 그러니 할아버지를 구호 빈민으로 처리해서 매장해 달라고 할까?"

그리고 다시 조용하게 말을 이었다.

"할아버지는 당신 아버지를 직접 묻으셨어. 삽으로 흙을 파서 말이야. 그 때는 누구나 자기 아들 손에 묻힐 권리를 갖고 있었지."

큰아버지가 말했다.

"그래, 좋다! 우리 손으로 아버지를 묻자. 하지만 이건 꼭 아버지를 밤중에 내다 버리는 것 같아 좀 그렇긴 하구나."

큰아버지의 말에 아버지가 부끄러운 듯이 말했다.

"할 수 없어요. 우린 가진 돈이 떨어지기 전에 캘리포니아에 가야 하니까."

톰이 두 사람의 이야기에 끼어들었다.

"공사장에서 종종 시체를 발견하는 일이 있어요. 그러면 경찰은 누가 죽여서 묻지 않았나 하고 수사를 하지요. 혹시 오해를 받을지 모르니, 사연을 병에 넣어서 할아버지와 함께 묻으면 어떨까요? 이 사람은 누구고, 어째서 죽었고, 왜 여기에 묻혔는지 적어서 말예요."

아버지는 머리를 끄덕이며 어머니에게 말했다.

"여보, 아버님 염을 좀 해 드릴까?"

"그러죠. 그런데 저녁은 누가 하지?"

"제가 도와 드리죠. 댁의 따님하고 둘이서 할게요."

하고 세어리가 말했다.

어머니는 아버지에게서 50센트 은전 두 닢을 얻었다. 그리고는 대야에 물을 담아 텐트 안으로 들어갔다. 잠깐 동안 어머니는 할아버지의 얼굴을 내려다보았다. 어머니는 먼저 행주치마를 찢어 할아버지의 턱을 묶었다. 그런 다음 할아버지의 몸을 곧게 펴고, 두 손을 가슴 위에 얹었다. 어머니는 할아버지의 눈꺼풀을 쓸어내리고, 그 위에 은전을 놓았다. 그리고는 얼굴을 씻어 주었다. 그 때 세어리가 들어왔다.

"제가 도와 드릴 일이 없나요?"

"죽은 사람의 냄새는 잘 없어지지 않는데……. 그래서 댁의 이불로 아버님을 쌀까 해요. 그 대신 우리 이불을 드릴게요."

"그런 말씀은 하지 마세요. 나는 도와 드리는 게 좋아요."

어머니는 할아버지의 발과 어깨를 누비이불로 곱게 쌌다.

"그다지 흉한 장례는 되지 않겠어요. 죽은 이를 보내 드릴 목사님도 있고, 식구들도 모두 곁에 있으니까요."

작은 구덩이에서 모닥불이 타고 있었다. 샤론의 장미는 어머니가 텐트에서 나오는 것을 보고 다가갔다.

"엄마, 나 물어 볼 게 있어요. 이렇게 자꾸 슬픈 일이 생기면 아기한테 해롭지 않을까요?"

"걱정되는구나? 하지만 슬픈 일 없이 열 달을 지낼 수는 없어. 그래서 이런 말이 있단다. '슬픔 속에서 태어난 아기는 행복한 아이가 된다.'는. 그렇지요, 윌슨 부인?"

"그럼요."

남자들은 다들 모여 할아버지를 묻을 구덩이를 팠다. 어느 정도 구덩이가 깊어졌을 때 톰은 어머니에게 갔다.

"어머니, 종이하고 펜이 있나요?"

"아니, 그것은 챙기지 않았어."

세어리는 자기 텐트에서 성경과 몽당연필을 들고 왔다. 톰은 오랫동안 고민하다가 커다랗고 뚜렷한 글씨로 썼다.

'이 사람은 중풍으로 별세한 윌리엄 제임스 조드다. 장례를 치를 돈이 없어서 그의 식구가 이 노인을 여기에 묻었다. 누가 그를 죽인 것은 아니다.'

톰은 자기가 쓴 것을 어머니에게 읽어 주었다.

"아주 잘 썼네. 그런데 성경에서 무슨 좋은 구절을 인용하는 건 어떠니?"

"그럼 시편을 펴 보세요, 거기엔 좋은 구절이 많아요."

하고 세어리가 말했다. 톰은 시편을 훑어 보았다.

"여기 있어요. 야, 아주 근사한데! '허물의 사함을 얻고 그 죄의 가리움을 받은 자는 복이 있도다. 〈시편 32장 1절〉'"

"좋다! 그걸 써 넣어라."

톰은 정성껏 그 구절을 쓴 다음, 병에 넣고 병마개를 비틀어 막았다. 그리고 할아버지의 누비이불을 들쳐서 두 손 밑에 밀어넣은 뒤, 다시 이불을 덮었다. 남자들이 할아버지를 들고 나와 무덤으로 옮겼다. 아버지가 말했다.

"목사가 있어야 기도를 드리지. 어디 갔지, 이 양반?"

톰이 말했다.

"아까 도로로 걸어가는 걸 보았어요. 그는 기도를 드리고 싶지 않은 것 같아요. 이제 목사가 아닌걸요. 아마 부탁을 들어주지 않으려고 일부러 피한 모양이에요."

그 때 케이시가 다가왔다.

"나는 절대 피한 게 아니에요. 당신들을 도와 드리고 싶지만 당신들을 속이고 싶지는 않아요."

아버지가 말했다.

"그래도 기도해 주시오. 우리 식구 중에 지금까지 기도 없이 묻힌 사람은 없다오."

코니가 샤론의 장미를 무덤으로 데리고 왔다. 그러나 그녀는 이 곳에 있는 것이 싫었다. 그 때 케이시가 말했다.

"그럼 간단하게 하죠."

그가 머리를 숙이자, 사람들도 따라 머리를 숙였다.

돼지고기와 감자가 다 익자, 그들은 저녁을 먹었다. 아버지가 먼저 윌슨에게 물었다.

"당신들은 여행을 떠난 지 얼마나 되나요?"

"약 3주 정도요. 우린 아주 운이 나빴습니다."

"저런! 우리는 열흘이나, 그 안에 캘리포니아에 가려고 합니다."

그들은 모닥불 주위에 둘러앉아 다시 입을 다물었다. 매트리스 위에서 할머니가 강아지처럼 낮은 소리로 흐느꼈다. 앨이 말했다.

"정말 안 되셨어요. 할아버지는 포도주를 실컷 드시고 싶어하셨는데……."

케이시가 말했다.

"그 분은 언제나 농담을 잘하셨지. 할아버지는 오늘 돌아가신 게 아니야. 고향을 떠나온 그 순간에 돌아가신 거야. 땅 자체가 할아버지였으니까."

윌슨이 말했다.

"우리는 운이 없었어요. 160킬로미터도 달리지 않았는데 차가 고장이 났어요. 거기다 아내까지 병이 나고요. 그래서 여기에 열흘이나 있었어요. 게다가 차를 고칠 줄도 모르니……."

앨이 물었다.

"어디가 고장이 났는데요?"

"글쎄, 모르겠어요. 조금 가다가는 서 버리고, 금방 다시 움직이다가 또 서고."

"가솔린 관이 막힌 것 같아요. 제가 한 번 뚫어 보지요."

"도움을 받을 수만 있다면 정말 고마운 일이지요. 고생을 좀 하더라도 거기 도착하면 보람은 있겠죠. 거긴 일손이 모자란대요. 품삯도 많고, 시원한 나무 그늘에서 과일을 따먹기도 하고……. 생각만 해도 즐거운 일 아닙니까?"

"우리도 그런 광고지를 보았소."

하며 아버지가 광고지를 꺼내 보여 주었다. 그러자 윌슨은 광고지를 이상한 듯이 바라보았다.

"이건 내가 본 것하고 똑같아요. 혹시 사람이 다 차지는 않았을까요?"

아버지가 말했다.

"캘리포니아는 아주 큰 주요. 만약, 과일 따는 사람이 다 찼으면 뭔가 다른 일자리가 있을 거요."

앨이 갑자기 일어서서 윌슨의 자동차 쪽으로 걸어가더니, 내부를 들여다보고 돌아왔다. 톰은 앨의 얼굴을 바라보며 말했다.

"앨, 너 혹시 나와 비슷한 생각을 하는 게 아니니?"

노아가 물었다.

"그게 무슨 소리야?"

톰과 앨은 서로 상대편이 말을 꺼내기를 기다렸다. 톰이 말했다.

"내 생각은 이래요. 우리 쪽은 사람이 너무 많지만, 윌슨 씨네는 그렇지 않아요. 그래서 우리 식구 몇 명이 윌슨 씨네 차를 타고, 가벼운 짐을 얼마쯤 우리 트럭에 실으면 어떨까요? 그러면 언덕도 쉽게 올라갈 수 있어요. 나와 앨이 차에 대해서 좀 아니까, 두 집이 함께 캘리포니아로 가면 서로 도움이 되지 않을까요?"

윌슨은 아주 좋다고 말했다.

"하지만 우리가 댁에게 너무 폐를 끼치는 건 아닐지……?"

"천만의 말씀입니다."

"우리는 가진 게 겨우 30달러밖에 없어요. 그러니 당신들한테 오히려 짐이 되진 않을까 걱정입니다."

그러자 어머니가 말했다.

"우리도 마찬가지예요. 우리 서로 도와 캘리포니아에 같이 가요. 더구나 부인께서는 우리 장례 일까지 도와주셨는데."

세어리가 나직하게 말했다.

"혹시 내가 도중에 병이 나면 여러분들은 먼저 가셔도 좋아요."

그러자 어머니가 세어리를 바라보며 말했다.

"우리는 당신을 끝까지 돌봐 드릴 거예요."

두 식구는 모두 하품을 하고 느릿느릿 잠자리로 들어갔다. 이윽고 모닥불이 꺼지고, 별이 빛나기 시작했다.

9

조드 네 가족과 윌슨 부부는 한 팀이 되어 서부를 향해 나아갔다. 그들은 오랜 시간을 달리다가 땅거미가 질 무렵에야 캠프를 쳤다. 할머니는 더위 때문에 몇 번이나 경련을 일으켜, 차가 멈췄을 때는 완전히 지쳐 있었다. 그날 밤, 그들은 아침에 먹다 남은 딱딱한 비스킷만 먹었다.

다음 날, 그들은 도망치듯 오클라호마에서 빠져 나와 텍사스 주를 가로질렀다. 그들은 이틀 동안 계속 달렸다. 시간이 지나면서 그들은 조금씩 이 생활에 익숙해졌다. 그들이 탄 트럭의 바퀴는 삐그덕거리고 엔진은 달아올라, 증기가 라디에이터 캡 주위에 뿜어져 나왔다.

앨이 포장 자동차를 운전하고, 어머니는 아들 옆에, 그리고 샤론의 장미가 그 옆에 앉았다. 앨은 기운 없이 운전을 했다. 타는 듯한 공기로 가슴이 턱턱 막혀 왔다. 어머니는 피로를 참으려고 안간힘을 썼고, 샤론의 장미는 차의 흔들림과 충격에서 아기를 지키려 애쓰고 있었다. 샤론의 장미가 어머니를 불렀다.

"어머니, 거길 가면 시골에서 과일을 따면서 살게 될까요?"

"아직 도착하지도 않았는데 내가 어떻게 알겠니? 가 봐야 알지."

"어머니, 저희는 시골에서 살기 싫어요."

순간, 어머니의 얼굴에 근심의 빛이 스쳤다.

"그럼 너희들은 우리와 살지 않을 거냐?"

"우리는 도시에서 살고 싶어요. 코니는 상점이나 공장에서 일하고 싶어해요. 퇴근 후에는 집에서 공부를 할 거고요. 그이는 전문가가 되어 나중에 가게를 차릴 거예요. 코니가 자기 가게를 갖게 되면, 앨 오빠는 그 밑에서 일하면 돼요."

그 말을 들은 앨이 콧방귀를 뀌며 말했다.

"내가 코니 밑에서 일한다고?"

그 때 갑자기 엔진 속에서 약간 덜덜거리는 소리가 났다. 속력을 높이면 높일수록 소리는 점점 커져갔다. 긴장한 앨은 차를 세웠다. 톰도 차를 세웠다.

"무슨 일이야, 앨?"

"연결대 베어링에 문제가 생겼어. 오일을 충분히 먹여 놨는데 어떻게 이 지경이 되었는지 잘 모르겠어. 일단 이 차에 맞는 베어링을 구해야 해. 이럴 땐 형이 있어서 정말 다행이야. 나는 베어링을 고쳐 본 적이 없거든."

가족들은 차에서 내려와 자동차 주변에 모여들었다. 톰이 말했다.

"고치는 데 하루 정도 걸리겠어요. 이런, 내일이 일요일이군. 그렇다면 내일은 아무것도 살 수가 없어. 화요일 전에는 못 고치겠군."

윌슨이 말했다.

"모두가 내 탓입니다. 내 고물차가 사고뭉치라서 말이죠. 여러분은 먼저 떠나세요. 나와 세어리는 남아서 방법을 찾아볼게요."

"그럴 순 없지요. 우리는 이제 한 가족이나 마찬가지니까요."

아버지의 말에 세어리가 미안한 표정으로 중얼거렸다.

"우리는 짐이 될 뿐이에요."

그 때 톰이 나서며 말했다.

"내게 좋은 생각이 있어요. 우선 저 트럭에서 짐을 덜어 낸 뒤, 나와 목사님만 남겨 놓고 나머지는 먼저 출발하는 거예요. 우리는 남아서 이 차를 고쳐 따라갈게요. 밤낮으로 달리면 곧 다시 만날 수 있을 거예요."

"톰 생각이 옳은 것 같아."

하고 아버지가 말했다. 그러자 어머니가 걱정스럽게 물었다.

"너 나중에 우리를 어떻게 찾을 수 있겠니?"

"길은 하나니까 걱정하실 필요 없어요."

하고 톰이 말했다.

아버지가 결심한 듯 큰 소리로 말했다.

"그럼, 어서 출발하자!"

그 때 어머니가 말했다.

"나는 안 가요! 날 데리고 가려면 두들겨패야 할걸요."

그리고는 포장형 자동차로 걸어가서 뒷자석에서 쇠막대기를 꺼내 쥐었다. 아버지는 난처한 표정으로 가족들을 둘러보았다. 어머니는 쇠막대기를 들고,

"어서 덤벼요!"

했다. 사람들은 어머니의 행동을 잠자코 지켜보았다.

"어머니, 왜 그러세요?"

톰의 목소리에 어머니의 얼굴은 조금 누그러졌다.

"이 세상에서 우리에게 남은 게 뭐냐? 아무것도 없어. 다만 가족들뿐이라고. 그런데 지금 너는 식구들을 갈라 놓으려고 하고 있어."

"어머니, 우리는 곧 따라갈 거예요. 그러니 걱정하지 마세요."

"혹시 네가 우리가 있는 곳을 지나쳐 버리면 어떻게 하니? 그러면 너는 어떻게 우리들을 찾겠니? 우리에게 필요한 것은 서로 떨어지지 않는 일이야. 우리가 함께 있으면 우리는 어떤 일도 두렵지 않다고."

톰이 말했다.

"어머니, 그렇다고 모두가 여기 있을 수는 없어요. 여긴 물도 없고, 그늘도 없어요. 할머니는 그늘이 없으면 안 되잖아요."

"그럼, 좀더 가다가 그늘이 있는 곳에서 캠프를 치자. 그리고 트럭이 돌아와서 너를 태우고 마을로 가서 부품을 사는 거야."

"좋아요. 어머니가 이겼어요."

그제서야 어머니는 자기 손에 들려 있는 쇠막대기를 보았다. 어머니가 쇠막대기를 땅바닥에 떨어뜨리자, 톰이 말했다.

"아버지, 이제야 결론이 났어요. 앨, 넌 식구들을 태우고 가서 캠프를 친 다음, 다시 이 곳으로 와. 나는 목사님과 여기 남아서 널 기다릴게. 네가 오는대로 연결대를 사러 가자. 빨리! 서둘러야 해!"

그리하여 앨은 가족들을 트럭에 싣고 캠프지를 향해 떠났다. 톰과 케이시는 남아서 차를 살폈다. 톰이 차 밑으로 들어갔다.

"바로 이거야."

하고 톰이 말했다.

"뭐가 문젠데?"

"빌어먹을! 이 차는 13년이나 된 차예요. 속도계에는 9만 6천 킬로미터라고 되어 있지만, 실제로는 25만 6천 킬로미터를 달린 거죠."

톰은 차 밑에서 쐐기못을 뽑았다. 그런 다음 스패너를 베어링 볼트에 대고 꽉 힘을 준 뒤, 피스톤과 연결대를 팬 속에 넣었다.

"이제 됐어요."

두 사람은 팬을 끌어냈다. 톰은 망가진 베어링을 살펴본 뒤 이렇게 말했다.

"중고 연결대와 쐐기쇠 몇 개만 구하면 고치겠어요."

그러자 케이시가 서쪽 하늘을 보며 말했다.

"톰, 나는 도로의 차들을 쭉 지켜봤어. 우리와 같은 사람들이 하나같이 서쪽을 향해 가고 있어. 이건 정말, 전쟁 피난민 같아."

"그래요."

톰이 말했다.

"그런데 이 사람들이 캘리포니아에 가서 일을 얻지 못하면 어떻게 되는 거지?"

"제기랄! 그걸 어떻게 알겠어요? 난 감옥을 나오면 뭔가 다를 줄 알았어요. 그런데 그게 아니더군요. 이런, 베어링이 망가졌어요. 이렇게 되리라고는 생각도 못했죠. 우리 인생도 마찬가지겠지요. 하지만 나는 걱정하지 않을 거예요. 지금 내 머릿속에는 온통 베어링 생각뿐이라고요."

케이시가 말했다.

"사람들은 자기들이 어디로 가는지조차 생각하지 않아. 조심스럽게 귀를 기울이면 사람들이 불안해하는 소리가 들려. 이렇게 많은 사람들이 땅을 버리고 서부로 가기 때문에, 뭔가 중요한 일이 일어나고 있는 거야."

그 때 앨이 트럭을 몰고 나타났다.

"연결대는 떼어 냈어?"

"그래, 합금이 부러져 있었어. 그런데 식구들은 지금 어디 있어?"

"할머니가 소릴 질러 한바탕 야단이 났었어. 그런 뒤에는 로저샨이 난리를 피우기 시작하잖아."

"다들 어디에 있느냐니까?"

"가다가 캠프지에 닿았어. 거기에는 나무 그늘도 있고, 수돗물도 있어. 하지만 차를 대놓고만 있어도 하루에 반 달러를 내야 한대. 모두 기운이 없어서 그냥 거기 있기로 했어. 특히 할머니가 너무 지치셔서 말이야."

톰은 서쪽으로 기울어지는 태양을 보았다.

"케이시. 누가 이 차를 지켜야 해요. 아무도 없으면, 누가 차를 다 뜯어갈지도 모르니까요."

"그럼, 내가 여길 지킬게."

"빨리 갔다 올게요. 하지만 시간이 얼마나 걸릴지는 잘 모르겠어요."
트럭은 기울어 가는 태양 속으로 움직이기 시작했다. 앨이 말했다.
"아버지는 지금 캠핑하는 데 반 달러를 받는다고 화가 나셨어. 하지만 할 수 없잖아. 할머니가 저렇게 편찮으시니."
"할머니는 왜 그러실까?"
"모르겠어. 이틀 동안 그냥 멍하니 계시더니, 이젠 마구 울부짖고 떠드셔. 할아버지를 부르면서 욕도 하고. 아참! 아버지가 형 주라며 20달러를 주셨어. 돈이 얼마나 들지 모른다고. 참 잊을 뻔했네. 어머니가 부탁을 하셨어. 술을 마시거나 말다툼을 해서도 안 되며, 싸워서도 안 된다고. 어머닌 형이 다시 잡혀갈까 봐 걱정하셔. 형이 잡혀갔을 때, 어머니가 얼마나 우셨다고."
"나 아니어도 걱정거리가 많을 텐데."
"형, 감옥은 어땠어? 정말 지독한 곳이었어?"
"앨, 네가 감옥 이야기를 듣고 싶어하는 걸 알아. 하지만 그 이야긴 차차 들려줄게. 난, 그 곳 일은 생각하기도 싫어. 앨, 한 마디만 할게. 감옥이라는 데는 말야. 인간을 조금씩 미치광이로 만드는 곳이야."
"미안해, 형. 다시는 그 곳 이야기를 묻지 않을게."
"아, 저쪽에 마을이 있다. 가서 연결대나 사자."
트럭은 주유소로 들어섰다. 도로 오른쪽에는 폐차장이 있었다. 폐차들이 산더미처럼 쌓여 있었고, 차에서 떼어 낸 부품들로 산을 이루고 있었다. 톰은 내려가서 어두컴컴한 문에서 안을 들여다보았다.
"아무도 없소?"
유령처럼 보이는 남자가 걸어왔다. 남자는 애꾸눈이었다. 남자가 입은 청바지와 셔츠는 기름때로 번들거렸다.
"당신이 주인이오?"

"나는 일하는 사람이오. 그런데 무슨 일이오?"

"25년 형 다지 폐차는 없소? 우린 연결대가 필요한데."

"글쎄, 모르겠소. 주인이 있으면 알 텐데. 주인은 지금 집에 갔소."

"그럼, 안에 들어가서 우리가 찾아봐도 되겠소?"

"그럼, 찾아보시오. 뭣하면 여길 태워도 좋고."

"당신은 주인을 몹시 싫어하는군요."

"싫어하지. 놈이 자꾸만 나를 놀리잖소. 내 눈을 쳐다보면서 날 사람 대접도 안하니까."

태양은 산 저쪽으로 자취를 감췄다. 앨은 부서진 차들을 훑어 보았다.

"형, 여기 좀 봐! 여기에 비슷한 게 있어."

앨과 톰은 고물이 다 된 자동차 사이를 누비다가, 납작한 타이어 뒤에 서 있는 한 대의 녹슨 세단을 찾았다.

"형, 분명히 25년 형이야. 이 팬을 떼가도 되나요?"

톰은 차 밑으로 기어 들어갔다.

"얼마나 단단해?"

앨이 물었다.

"쓸 만해. 이 정도면 됐어. 앨, 네가 떼내라. 서둘러야겠어. 날이 어두워지기 전에."

그러자 앨이 차 밑으로 들어갔다.

"앨, 내 손이 필요하면 소릴 질러."

하고 톰이 말했다. 애꾸눈이

"뭐 도와줄 건 없소?"

하고 옆으로 다가왔다.

"나는 한쪽 눈을 잃은 후로 한 번도 여자와 자 본 적이 없어요. 주인 놈은 그걸 가지고 계속 놀려 댔지요."

"그럼 가게를 그만둬요."

"애꾸가 일자리를 얻기는 힘들지."

톰이 말했다.

"당신은 자기를 학대하는 것 같소. 당신 눈을 보고 여자들이 좋아할 리가 없지. 그러니 얼굴을 깨끗하게 씻어요."

"나는 다른 사람처럼 보지 못해요. 뭐가 얼마나 멀리 있는지 분간도 못하고. 모든 것이 편평하게만 보이지요."

남자는 더듬거리며 말을 이었다.

"내가 누굴 쳐다보면 상대방은 금방 고개를 돌려 버리는걸. 그 땐 정말 죽을 맛이오."

"그 정도 갖고 뭘. 그럼 눈을 가리쇼."

"그런데 당신들은 어디로 가는 길이오?"

"캘리포니아. 거기 가서 일자리를 구할 거예요."

"그럼, 나도 당신네들과 같이 갈 수 없을까요?"

"그건 안 돼요. 우린 당신을 태울 수가 없어요."

그 때 쇠가 부딪치는 소리가 났다.

"됐어!"

하고 앨이 소리쳤다. 톰이 말했다.

"얼마요?"

"글쎄, 잘 모르겠네. 주인이 아니라서. 그런데 그놈은 당신네가 얼마나 그 물건을 갖고 싶어하는지, 돈을 얼마나 가졌는지를 보고 바가지를 씌울 거요. 아마 5달러는 받으려고 할걸요. 언젠가 한 번은 링 기어 하나에 차 한 대 값을 우려 내는 걸 봤다오."

"그래, 이건 얼마 내면 되오?"

"1달러."

톰과 앨은 트럭에 올라탔다.

그들은 차를 돌려 오던 길로 되돌아갔다. 애꾸눈은 그들이 사라져 가는 것을 물끄러미 바라보았다.

"형, 베어링이 탄 건 내 잘못이 아니지? 형, 코니가 캘리포니아에 가면 밤에 공부를 하겠대. 나도 야학을 다니면서 공부를 할 거야."

"그래. 하지만 뭘 배울지 확실하게 정해. 내가 맥알레스터에 있을 때 통신 교육을 받은 놈들이 있었는데, 도중에 다 포기하더라고."

어둠이 내리고, 별들이 날카롭고도 하얗게 빛났다. 트럭은 어느새 케이시가 있는 곳으로 왔다. 케이시가 말했다.

"이렇게 빨리 올 줄 몰랐어."

"운이 좋았어요. 게다가 손전등도 얻었고요. 지금부터 고쳐야지."

톰은 고장난 차 아래로 기어 들어갔다. 앨은 배를 깔고 누워, 손전등을 비쳐 주었다. 얼마쯤 지나자, 톰이 차 밖으로 나왔다.

"앨, 어서 가서 시동을 걸어 봐."

앨이 차에 올라타서 시동을 걸자, 차가 부릉 소리를 내기 시작했다.

"형은 정말 대단해!"

두 사람은 기름투성이가 된 손을 잡초에 닦고, 마지막으로 바지에 손을 문질렀다.

"형, 이제 어떻게 할까? 캠프로 가?"

"글쎄, 우리가 가면 그쪽에선 반 달러 더 내라고 하겠지. 도착해서 그 자들이 돈을 더 달라고 하면 그냥 길을 떠나자. 자, 이제 가자. 내가 운전할게. 너는 저 트럭을 끌어라."

톰이 시동을 걸자 케이시가 올라탔다. 톰은 차를 천천히 출발시켰다. 앨이 그 뒤를 따랐다. 케이시가 운전하고 있는 톰에게 말했다.

"자네들이 차를 고치는 걸 보니 신기하더군."

"어려서부터 차와 하나가 되어야죠. 조금 안다는 것만으로는 부족해요. 그 이상의 것이 있어야 해요. 요즘 애들은 아무 생각도 없이 차체를 마구 뜯기만 하죠."

조그만 목조 가옥이 캠프 터 한가운데 있었다. 대여섯 개의 텐트가 집 부근에 있었고, 차가 텐트 곁에 있었다. 한 무리의 사나이들이 가솔린 등이 타고 있는 현관에 모여 있었고, 집 주인은 마루 위의 의자에 걸터앉아 있었다. 남자들은 집주인을 둘러싸고 있었다. 톰은 차를 길가에 세웠다. 앨은 트럭에 탄 채 집 안으로 들어갔다. 그러자 주인이 물었다.

"당신들도 여기서 캠프할 거요?"

"아뇨. 우리 식구가 여기 있어서요. ……. 아버지!"

아버지가 말했다.

"벌써 다 고쳤니?"

"네, 아주 운이 좋았어요. 날이 새는 대로 바로 떠나야죠?"

그러자 주인이 말했다.

"여기서 자려면 반 달러를 내야 해."

"뭐라고요? 우린 길가의 도랑에서 잘 수도 있어요. 돈 한 푼 내지 않고요."

"여기서는 집 밖에서 자는 것은 불법이야. 밤에는 보안관 대리가 순시를 하니까. 들키면 혼나! 부랑자 처벌법이 있거든."

톰의 눈이 분노로 이글거렸다.

"혹시, 그 보안관 대리가 당신 친척 아닌가? 여기 드러누워 자도 너한테는 돈 한 푼 안 줄 거야."

마루에 있던 남자들은 긴장하며 주인의 얼굴을 살폈다. 아버지가 성난 목소리로 주인에게 말했다.

"우리는 내일 아침 일찍 떠날 거요. 여보 주인장, 우리는 돈을 이미 냈소. 이 아이는 우리 가족이오. 그냥 자면 안 되겠소?"

"어쨌든 차 한 대에 반 달러요."

"이 아이는 차를 길가에 세워 두었소."

"하지만 차를 몰고 왔잖소. 모두 차를 밖에 세워 두고 걸어 들어와서 그냥 자려고 하면 나는 어떻게 하오?"

그러자 톰이 말했다.

"나는 그냥 차를 몰고 가겠어요. 내일 아침에 만나요. 앨은 여기 남고, 대신 큰아버지가 저하고 같이 가요."

아버지가 말했다.

"가족이 헤어진다는 것은 가슴 아픈 일이오. 특히 우리처럼 자기 땅을 갖고 있던 사람들에게는 말이오. 우리는 떠돌이가 아니오. 트랙터에 쫓기기 전까지는 어엿하게 농지를 갖고 있던 사람이라고."

비쩍 마른 젊은 남자가 물었다.

"소작이었나요?"

"그렇소. 우리는 서부로 가서 돈을 벌어 좋은 땅을 살 작정이오."

누더기를 걸치고 마루 끝에 있던 남자가 아버지에게 말했다.

"돈을 많이 갖고 떠난 모양이군."

"우리는 돈이 없소. 그렇지만 거기 가면 일이 많이 있을 테니까, 돈을 많이 벌 수 있을 거요."

누더기를 걸친 남자는 쿡쿡 웃었다. 모여 있던 사람들이 어리둥절해서 그 남자를 보았다. 그 남자가 웃음을 그쳤을 때, 그의 눈 주위에는 눈물 자국까지 있었다.

"그래서, 그리로 간다 이 말씀이군? 거기 가면 좋은 품삯을 받을 수 있다고 생각하는가?"

아버지는 위엄 있게 말했다.

"우리는 부지런히 일을 할 거요. 거긴 일거리가 많으니까. 그런데 대관절 뭐가 그리 우습소?"

"나는……, 나는 거기 갔다가 굶어죽지 않으려고 돌아가는 길이라오."

"우린 당신이 무슨 말을 하는지 모르겠소."

그러자 누더기의 사나이가 아버지에게 물었다.

"당신들은 돌아갈 집이 있소?"

"없소. 트랙터가 집을 허물어 버렸으니까."

"그럼, 돌아가지 않겠군."

"물론이지."

"그렇다면 당신들을 걱정시키는 말은 하지 않겠소."

"나는 광고 전단을 보았소. 일손이 필요하지 않다면, 그런 것을 만들 필요가 없잖소?"

"내 말을 들어 봐요. 당신이 주운 전단에는 대체 몇 명이 필요하다고 써 있던가요?"

"8백 명."

"이것 봐요. 그 사람은 그 광고지를 5천 장이나 찍었고, 아마도 2만 명은 그 전단지를 보았을 거요. 그리고 줄잡아 2,3천 명이 그 전단 때문에 떠났을 거고. 당신은 캘리포니아에 가면 그 전단을 찍은 놈을 만나겠지. 당신들말고도 여러 가구가 이렇게 길바닥에 캠프를 치고 있어요. 결국, 당신이 그 장소에 가면 아마 거기에는 천 명이 넘는 사람들이 있을 거요. 그런 굶주리고 배고픈 사람들을 이용해 품삯을 깎으려는 거라오. 이제 알겠소? 사람이 많이 모이면 모일수록, 배고픈 자가 많으면 많을수록 임금이 싸게 먹히는 거요. 나는 미친 듯이 일자리를 찾아다녔소. 하지만 결국, 아내와 아이들이 죽고 나서 거길 떠나왔죠."

누더기를 걸친 남자는 사람들을 둘러보더니, 등을 돌려 어둠 속으로 총총히 사라져 버렸다. 남자들 중 하나가 말했다.

"너무 늦었군. 이제 가서 자야지."

아버지가 말했다.

"저 사람 말이 사실일까?"

케이시가 대답했다.

"사실일 겁니다. 저 사람은 자기가 보고 겪은 일들을 그대로 말한 겁니다."

10

조드 네 가족은 뉴멕시코 주의 산중으로 들어갔다. 그리고 피라미드 같은 산봉우리를 지났다. 그들은 애리조나의 고원지대로 기어 올라가서 골짜기 사이로 페인티드 사막을 내려다보았다. 주 경계 경비원이 차를 세웠다.

"어디로 가시오?"

"캘리포니아요."

톰이 대답했다.

"무슨 식물 같은 건 없소?"

"아무것도 없습니다."

"그래도 짐을 조사해야겠소."

감시인은 자동차 앞 유리에 작은 쪽지를 붙였다.

"좋아요. 어서 가요!"

그들은 밤새도록 달려 그날 밤 산악 지대로 들어갔다. 그들은 어둠

속에서 바위산을 기어올랐다. 아침이 되었을 때, 그들의 발 아래로 콜로라도 강이 흐르고 있었다. 그들은 다리 옆에 차를 세웠다. 경비원 한 명이 차 유리에 붙인 쪽지를 떼냈다. 다시 이들은 부서진 암석으로 뒤덮인 황야로 나갔다. 그들은 차를 세웠다. 아버지가 소리쳤다.

"캘리포니아에 왔다!"

식구들은 강 너머 애리조나 주의 암벽을 바라보았다.

"사막이 계속될 거예요. 물 있는 곳에 가서 쉬어야겠어요."

조드와 윌슨 네 차는 강둑으로 갔다. 그들은 차 안에 앉아서 아름다운 물줄기가 흘러내리는 모양을 보았다. 강둑에는 조그만 캠프지가 있었다. 톰이 트럭 창문으로 고개를 내밀고 소리쳤다.

"여기서 잠시 차를 세워도 괜찮을까요?"

그러자 빨래를 하고 있던 여자가 말했다.

"여긴 우리 땅이 아니에요. 세우고 싶으면 세워요. 나중에 경찰이 조
사하러 올 테지만."

그들은 빈터에 차를 세우고 텐트를 쳤다. 루디와 윈필드는 버드나무
사이를 빠져 나가 갈대숲으로 내려갔다. 루디가 말했다.

"여기가 캘리포니아야! 여긴 사막도 있대."

윈필드가 말했다.

"그게 뭔데?"

"나도 몰라. 사진에서 한 번 봤는데……."

텐트를 다 친 남자들이 모였다. 톰이 말했다.

"나는 강에 내려가서 목욕이나 좀 해야겠어. 그런데 할머닌 좀 어떠
세요?"

"글쎄, 잘 모르겠구나."

하고 아버지가 말했다. 그 때 노아가 말했다.

"할머니는 트럭 위에서 밤새도록 불평만 하셨어. 노망이 드신 게 분명해."

톰이 말했다.

"할머닌 지쳐서 그래. ……. 누가 나랑 같이 목욕하지 않을래?"

톰을 따라 다른 남자들도 목욕하러 갔다. 그들은 버드나무 사이에서 옷을 벗고, 물 속에 들어갔다. 그리고는 바닥에서 모래를 한 줌씩 집어 때를 문질렀다. 그들은 물 속에 몸을 담그고, 흰 바위산들을 바라보았다. 날카로운 봉우리들이었다.

"우리가 저길 지나왔구나."

하고 아버지가 놀랍다는 듯이 말했다.

"하지만 사막을 또 건너야 해요."

톰이 말하자 노아가 물었다.

"오늘 밤에 출발할 거야?"

아버지가 말했다.

"할머니가 편찮으셔서, 좀 쉬는 게 좋지 않을까?"

노아가 기지개를 켜며 말했다.

"그냥 여기 주저앉아 있으면 좋겠다. 게으름을 피우면서 말야."

그 때 땀에 젖은 셔츠 차림의 두 남자가 나타났다. 그들은 부자지간처럼 보였다.

"좀 들어가도 될까요?"

"이게 어디 우리 강이오? 어서 들어오슈!"

아버지가 그들에게 물었다.

"당신들도 서부로 가시나요?"

"아뇨. 거기서 오는 길이오. 거기선 도저히 살 수가 없어서 집으로 다시 돌아갑니다."

아버지가 말했다.

"그런 말을 해 준 사람은 당신이 두 번째요. 나는 당신들 이야기를 자세히 듣고 싶은데……."

"당신들은 캘리포니아는 처음이겠군요?"

"예."

"그렇다면 내 말을 들을 것 없이 직접 가서 보시오."

"그래야지요. 하지만 누구나 자기가 가려고 하는 곳이 어떤지를 알고 싶어하는 법이 아닙니까?"

하고 톰이 말했다.

"캘리포니아는 좋은 고장이오. 그러나 그건 옛날 이야기라오. 거기 사는 놈들은 당신들을 보고 이렇게 말할 거요. '이놈들! 나는 네놈들이 싫다.' 그러면 보안관 대리가 나타나 당신들을 몰아붙일 거요. 길가에 캠프를 치면 그놈들이 쫓아 낸다오. 당신들에게 누가 '오우키'라고 부른 적이 있소?"

"아뇨. 그게 뭐죠?"

"오우키란 원래 오클라호마 출신 사람들을 뜻했지만, 지금은 인간쓰레기란 뜻이오. 거기에는 우리 같은 사람들이 30만 명이 있다오. 모두 개돼지처럼 살고 있지. 믿기 어렵겠지요? 그러니 직접 가서 봐요. 자기 눈으로 보지 않으면 이해하지 못해요."

톰이 어두운 표정으로 말했다.

"만약 일자리를 얻어 돈을 모으면, 얼마 정도의 땅을 살 수 있을까요?"

그러자 나이 먹은 남자가 말했다.

"일할 곳이 없어요."

"그렇다면 거긴 좋은 일감이 없단 말인가요?"

아버지가 물었다.

"모두 그림의 떡입니다. 넓은 노란 오렌지 숲이 있지만, 거기엔 총을 멘 남자가 지키고 있지요. 누가 오렌지 하나라도 따면 그는 총을 쏜답니다."

태양은 무섭게 내리쬐고 있었다. 아버지가 다시 물었다.

"열심히 일하려고 해도 어쩔 수 없나요?"

"글쎄요. 나도 다 아는 건 아니니까. 당신이 거기 가서 일자리를 얻게 되면 나는 거짓말쟁이가 되는 거죠. 내가 말할 수 있는 것은 많은 사람들이 처참한 환경에 처해 있다는 것입니다."

아버지는 고개를 돌려 큰아버지를 보았다. 큰아버지는 얼굴을 찡그리며 이렇게 말했다.

"이 사람들이 무슨 말을 해도 그대로 가는 거야. 일자리를 잡으면 일하고, 일자리를 못 잡으면 할 수 없는 거지."

"아버지, 그냥 오늘 밤에 떠나지요. 나는 그 동안 숲에 가서 한잠 자야겠어요."

톰은 동굴 같은 나무 그늘 속으로 가서 드러누웠다. 잠시 후 노아가 뒤따라와 말했다.

"톰, 나는 이 곳을 떠나지 않을 거야."

"뭐라고?"

"난 내 갈 길을 정했어. 난 이 강물을 따라 내려갈 거야. 나는 여기서 물고기를 잡겠어. 강가에서 살면 굶어죽지는 않을 거야."

"가족들은 어떡하고? 어머니 생각은 안 해?"

"할 수 없어. 톰, 식구들은 진심으로 날 좋아하지 않아."

"형은 돌았어!"

"아니, 나는 날 잘 알아. 모두 서운해하겠지만 나는 가지 않을 거야. 네가 어머니에게 잘 말해 줘."

노아는 걷기 시작했다. 톰이 강둑까지 쫓아가 그를 설득했지만, 소용이 없었다.

"나는 네 말을 듣지 않을 거야. 나 역시 가족과 헤어지는 게 슬퍼. 하지만 나는 여기가 좋아."

노아는 등을 홱 돌리고 물줄기를 따라 하류 쪽으로 걸어갔다. 톰은 노아를 따라가려다가 그 자리에 우뚝 섰다. 톰은 노아가 숲 속으로 사라져 가는 것을 바라보았다. 노아의 모습이 점점 작아지더니 마침내 버드나무 사이로 자취를 감추었다. 톰은 버드나무 그늘로 돌아와 드러누워서 잤다.

할머니는 방수포 텐트 속의 매트리스 위에 누워 있었다. 어머니가 그 곁을 지키고 있었다. 몹시 더운 날씨였다. 할머니는 머리를 끊임없이 좌우로 움직이며 중얼거리기도 하고, 기침을 하며 웃기도 했다. 어머니 맞은편에 있던 샤론의 장미가 말했다.

"어머니, 할머니가 몹시 편찮으신가 봐요."

그 때 찢어진 옷을 입은 여자가 텐트 안을 들여다보았다. 그녀의 흐리멍텅한 눈에는 초점이 없었다.

"안녕하세요, 아주머니. 하느님께 영광 있으라!"

어머니는 그 여자 말에 뒤를 돌아보며 인사를 했다. 그 여자가 어머니에게 말했다.

"여기 예수님 품 안으로 가실 분이 있단 얘길 듣고 왔어요."

"우리 어머니는 몹시 지쳤을 뿐이에요. 좀 쉬시면 나으실 거예요."

"귀한 영혼이 예수님께 가려고 합니다."

"그렇지 않아요."

어머니는 외쳤다.

"아주머니, 저기 천막에는 거룩한 신도가 있어요. 그 사람들을 불러다가 같이 기도회를 열겠어요. 우리는 여호와의 증인이랍니다. 그 사람들을 데리고 오겠습니다."

"그만두세요. 어머니가 기도회를 좋아하실 리 없어요."

"그런 말을 하다니? 예수님의 사랑의 말씀을 듣지 않겠다는 말인가요?"

"우린 당신들에게 폐를 끼치고 싶지 않아요."

"폐가 되지 않아요. 기꺼이 기도를 올려 드리겠습니다."

"고맙긴 하지만, 우린 이 텐트에서 기도회를 열고 싶지 않아요."

"좋아요. 하지만 우리도 기도 없이 이 분을 떠나게 할 순 없어요. 우리는 우리 텐트에서 기도회를 열겠어요. 그리고 당신의 완고한 마음도 용서하겠어요."

여자는 텐트를 나갔다. 그리고 잠시 후 가까운 곳에서 기도 소리가 들렸다. 이어 남자들과 여자들의 목소리가 어우러진 찬송가 소리도 들렸다. 리듬은 점점 빨라졌다. 기도 소리도 계속 높아져, 마치 짐승이 울부짖는 소리처럼 들렸다. 누군가가 땅을 쿵쿵 구르는 소리도 났다. 어머니는 몸을 부르르 떨며 말했다.

"얘야, 불안하구나. 무슨 일이 있을 것만 같아."

발을 구르는 소리가 더 요란해지더니, 이어서 손뼉 치는 소리가 나고 흐느끼는 소리가 들려왔다. 할머니는 기도하는 소리에 맞춰 눈물을 흘리거나, 길게 한숨을 쉬었다. 그러더니 이내 깊은 잠에 빠지고, 잠시 후에는 코고는 소리가 났다. 샤론의 장미가 어머니를 쳐다보며 말했다.

"기도가 효과가 있나 봐요."

어머니는 고개를 떨어뜨렸다.

"고마운 사람들에게 내가 함부로 대했구나. 자, 우리도 자야지. 혹시 오늘 저녁에 떠날지도 모르니까."

"어머니, 코니는 어디 있을까요? 아무리 찾아봐도 이 근처에는 없어요. 어머니, 코니는 야학에서 공부를 해서 뭔가 되겠대요."

"나도 들었어. 어서 자라."

"코니는 새로운 계획을 세웠어요. 전기에 관한 공부를 해서 자기 가게를 차린대요. 어머니, 우리가 뭘 살 건지 아세요?"

"뭔데?"

"냉장고요. 그 속에 얼음을 가득 채울 거예요."

"그래, 그만 자야지."

샤론의 장미는 눈을 감았고, 어머니도 깊은 한숨을 쉬며 자리에 누웠다. 선잠이 든 어머니는 누군가의 발소리를 들었다. 한 남자의 목소리가 어머니의 잠을 깨웠다. 어머니가 텐트 밖으로 나가자 남자가 물었다.

"당신들은 어디서 왔소?"

"오클라호마요."

"여기 있으면 안 되오."

"우린 오늘 저녁 여길 떠나 사막을 건널 거예요."

"그렇게 하는 게 좋을 거요. 내일도 여기서 어물거리면 당신들을 처넣어 버릴 거요. 아무도 당신들이 여기에 정착하는 것을 원하지 않으니까!"

어머니는 너무 화가 나서 천천히 몸을 일으키고는, 프라이팬을 집어 들었다.

"여보세요. 당신이 지금 총을 차고 있다고, 여자에게 협박을 하려는 거요? 우리 고향에서는 경찰이라도 말을 함부로 하지 않소."

남자는 뒷걸음질을 쳤다.

"이봐, 여긴 당신 고향이 아니야. 여긴 캘리포니아란 말이오. 당신들 같은 오우키가 얼쩡거리는 건 딱 질색이야."

"오우키?"

"그래, 오우키지. 만약 내일도 여기서 어물거렸다간, 당장 감옥에 처넣을 줄 알아."

오후가 되자 태양은 낮게 가라앉았다. 그러나 더위는 조금도 가시지 않았다. 톰은 누군가가 자기 이름을 부르는 소리를 들었다.

"톰 오빠, 어딨어?"

루디였다. 루디는 톰이 강물 속에 있는 것을 보고,

"엄마가 빨리 오래."

하고 소리쳤다. 톰은 서둘러 어머니에게 갔다. 어머니는 마른 나뭇가지로 불을 피우고 있었다. 톰을 보자 어머니의 얼굴에서는 근심이 사라지는 듯했다.

"방금 보안관이 왔다 갔어. 우리더러 여기 있으면 안 된대. 나는 혹시, 그놈이 너한테도 같은 말을 했을까 봐 걱정했어. 그놈이 하는 말을 듣고 네가 그놈을 한 대 치기라도 할까 봐 얼마나 걱정했는지 모른단다."

"왜 내가 보안관을 쳐요?"

"그놈이 아주 고약한 말을 하더구나. 나라도 한 대 갈겨 주고 싶었으니까."

"놀랐는데요, 어머니? 어머니는 원래 부드러운 분이셨는데, 언제 이렇게 무서워지셨어요?"

"나도 모르겠어, 톰. 어쨌든 그 보안관이 우리더러 오우키라고 부르더라. '오우키가 얼쩡거리는 건 딱 질색이야' 이렇게 말했단다."

"전에 어떤 사람도 우리에게 그런 얘기를 들려주었지요. 그런데 왜,

여기서 떠나라고 하는 거죠?"

"오우키가 여기 사는 건 질색이래. 만약 내일도 떠나지 않고 여기 있으면 처넣겠대."

톰은 조심스럽게 말을 꺼냈다.

"어머니, 사실은 말씀드릴 게 있어요. 저어, 노아 형이……."

"노아가 왜?"

"강을 따라 내려갔어요. 우리와 같이 가지 않겠대요."

어머니는 톰이 하는 말을 한참 동안 이해하지 못했다.

"그건 왜지?"

"모르겠어요. 그냥 자기는 강에서 살겠대요."

어머니는 오랫동안 잠자코 있었다.

"드디어 식구들이 뿔뿔이 헤어지는구나. 나는 이제 어떻게 해야 좋을지 모르겠어."

어머니는 멍한 시선으로 강 쪽을 바라보았다.

"할머니는 좀 어떠세요?"

"오늘은 편안히 주무셨어. 조금 좋아지신 모양이야."

"다행이군요."

태양은 서쪽으로 뻗은 벌거숭이 산 너머로 사라졌다. 남자들이 돌아오자, 톰이 말했다.

"곧 떠나야겠어요. 보안관이 여길 떠나라고 했대요."

"오늘 밤에는 쉬는 줄 알았는데."

톰이 아버지에게 말했다.

"아버지, 노아 형은 여기 혼자 남겠대요."

"그게 무슨 소리냐?"

그러더니 아버지는 자기를 책망했다.

"다 내 탓이야. 나 때문이라고."

"그렇지 않아요, 아버지. 이건 그 누구의 탓도 아니에요."

"아니다, 모든 게 내 탓이다. 노아가 그렇게 말했다면……. 톰, 나는 더 이상 이야기하고 싶지 않구나."

"자, 그만 떠나야죠."

하고 톰이 말했다. 윌슨이 작별인사를 하려고 왔다.

"여러분, 저희는 함께 갈 수가 없어요. 세어리가 너무 지쳐 있어요. 어쩌면 사막을 건너다가 죽을지도 몰라요."

사람들은 그 말에 아무런 대답도 하지 못했다. 이윽고 톰이 말했다.

"보안관이 여기 있으면 처넣겠다고 했어요."

톰의 말에 윌슨은 고개를 저으며 말했다.

"그래도 세어리는 못 가요. 여러분은 지금껏 저희한테 너무 잘해 주셨어요. 어서 가서 일자리를 잡으세요."

그러자 아버지가 말했다.

"하지만 당신네는 가진 게 아무것도 없잖소?"

"당신이 우리를 구해 주었을 때도, 우리에겐 아무것도 없었어요. 그건 여러분이 걱정하실 일이 아닙니다."

윌슨은 케이시에게 말했다.

"내 아내가 당신을 만나고 싶어합니다."

"좋습니다."

케이시와 윌슨은 텐트 안으로 들어갔다. 세어리는 퀭한 눈으로 침대에 누워 있었다. 세어리가 케이시에게 말했다.

"기도를 부탁하려고 당신을 찾았어요."

"난 이제 목사가 아니에요. 내 기도는 아무 소용이 없어요."

"노인이 돌아가셨을 때에도 당신은 기도를 드렸잖아요."

"그건 기도가 아니었어요."

"아뇨, 아주 좋은 기도였어요. 저에게도 그런 기도를 해 주세요."

"무슨 말을 해야 할지 모르겠군요."

"그러면 마음속으로 기도해 주세요."

"내 안에는 이미 하느님이 계시지 않아요."

"그렇지 않아요. 당신 안에는 하느님이 계세요."

목사는 고개를 수그렸다. 그가 다시 고개를 들었을 때, 세어리는 그제서야 마음이 놓이는 것 같았다.

"고마워요, 목사님!"

목사가 컴컴한 텐트에서 나왔을 때, 남자들은 짐을 싣고 있었다. 어머니는 윌슨 네 텐트로 가서 작별인사를 했다.

"자, 이제 떠날 시간이다."

할머니는 아직도 잠을 자고 있었다. 남자들은 할머니를 안아 트럭 위에 올렸다. 아버지는 지갑에서 지폐 두 장을 꺼내어 윌슨 씨에게 내밀었다. 윌슨 씨는 고개를 떨어뜨리며 힘차게 머리를 내저었다.

"받을 수 없어요. 당신들도 힘든데."

"그래도 목적지까지 갈 돈은 있어요."

"아뇨, 받지 않을 거예요."

어머니는 아버지에게서 지폐를 빼앗아, 곱게 접어 땅바닥에 내려놓았다. 그리고 그 위에 돼지고기가 든 냄비를 올려놓았다.

"여기 놓아 두면 되겠죠? 만약에 당신이 가져가지 않으면 다른 사람이 가져갈 거예요."

윌슨은 고개를 숙인 채 몸을 돌려 텐트로 들어갔다. 식구들이 모두 트럭에 올라타자, 아버지가 소리쳤다.

"윌슨 씨, 우리 갑니다!"

텐트 안에서는 아무 대꾸도 없었다. 톰이 엔진을 걸었다. 트럭이 도로로 기어 올라갔을 때 어머니가 뒤를 돌아보았다. 윌슨이 텐트 앞에서 트럭을 바라보고 있었다. 어머니가 그를 향해 손을 흔들었지만 그는 아무런 미동도 없이 그 자리에 서 있었다.

트럭은 부서진 바위들 사이를 지나, 나지막한 언덕을 기어 올라갔다. 사막에는 생명의 흔적이라곤 아무것도 없었다. 운전석에는 톰과 앨, 아버지, 그리고 아버지 무릎에 앉은 윈필드가 붉게 사그라지는 태양을 바라보고 있었다. 앨이 말했다.

"윌슨 씨를 다시 만날 수 있을까?"

톰이 말했다.

"글쎄, 우린 다시 세어리 아줌마를 볼 수 없겠지."

해가 지자 하늘에 거대한 잔광이 남았다. 황혼은 밤의 어둠 속으로 옮겨가고, 별들이 드문드문 나타났다. 밤이 되었지만, 여전히 무덥고 숨이 막혔다. 큰아버지가 목사에게 말을 걸었다.

"케이시, 당신은 앞으로 우리가 어떻게 될지 알 수 있겠지? 당신은 목사였으니까……."

"목사도 평범한 인간에 지나지 않아요."

"하지만, 목사들은 뭔가 다른 사람이잖아. 그렇지 않고는 목사가 될 수 없지. 내가 당신에게 묻고 싶은 건, 누구 한 사람이 그 가족에게 액운을 가져다 줄 수도 있을까 하는 거지."

"난 모르겠어요."

"난 결혼을 했었소. 아내는 아주 좋은 여자였지. 그런데 어느 날, 아내가 배가 아프다며 의사를 불러 달라고 했어. 난 그저 과식을 해서 그렇겠지 하고 내버려 두었소. 그런데 아내는 밤새도록 앓더니, 그 이튿날 오후에 죽었다오. 아내가 죽자, 나는 그 미안한 마음을 누군가에게 보상하려고 했어. 주로 아이들에게 말야. 나는 좋은 사람이 되려고 했지만 잘 안 되더군. 오히려 더 난폭해졌어. 당신은 나처럼 죄를 짓지 않았을 테지?"

"사람은 누구나 죄를 지어요. 이 세상에서 죄를 짓지 않는 사람은 없어요."

"난 내가 우리 집안에 액운을 가져오지 않을까 걱정하고 있소. 그래서 내가 사라지는 것이 우리 가족들을 살리는 게 아닐까 하고 생각한다오."

"그런 생각은 하지 마세요."

"마누라가 죽은 건 내 탓이겠지?"

"그건 실수예요. 하지만 당신이 그걸 죄라고 생각한다면, 죄가 되지요. 인간은 제멋대로 죄를 만들어 내니까."

"그렇다면 다시 생각해 봐야겠군."

트럭은 땅 위를 천천히 굴러갔다. 루디와 윈필드는 잠이 들었고 트럭 뒤쪽 매트리스 위에는 어머니와 할머니가 나란히 누워 있었다. 어머니는 되풀이해서 말했다.

"걱정하지 마세요. 곧 좋아질 거예요."

조드 네 가족이 검문소가 있는 곳에 도착한 것은 자정이 다 되어서였다. 톰이 물었다.

"여긴 뭐하는 데죠?"

"농작물 검문소요. 당신들의 짐을 검사해야겠어. 혹시 야채나 씨앗을 갖고 있소?"

"아뇨."

"어쨌든 짐을 조사해야겠어. 어서 짐을 내려!"

그 때 어머니가 트럭에서 지친 모습으로 내려왔다. 어머니의 눈빛이 사납게 빛났다.

"저어, 나으리! 이 차에는 병든 할머니가 계십니다. 빨리 의사한테 데리고 가야만 해요. 우린 조금도 지체할 수가 없다고요."

"그래요? 하지만 조사는 해야 하오."

"정말 아무것도 없어요. 이봐요. 할머니가 몹시 아프다니까요."

어머니는 트럭 뒤쪽으로 가서 할머니를 그에게 보였다.

"자아, 보세요. 할머니 얼굴이 말이 아니잖아요?"

"정말 그렇군. 맹세코 씨앗이나 야채가 없는 거지?"

"예, 맹세해요."

"그럼 가시오. 바스토우에 가면 의사가 있소. 자, 그럼 출발하시오."

톰은 서둘러 차를 출발시켰다. 관리의 동료가 의심스러운 눈길로 돌아보았다.

"혹시 속임수가 아닐까?"

"아니, 천만에! 자네가 그 할멈의 얼굴을 보았다면, 그렇게 말할 수 없었을 거야."

톰은 바스토우를 향해 속력을 냈다. 톰은 그 조그만 도시에 이르자, 차를 세우고 트럭 뒤쪽으로 갔다. 어머니가 몸을 내밀며,

"우린 괜찮다. 그런 곳에 서 있고 싶지 않아서 그런 거야."

"할머니는 어떠세요?"

"괜찮다. 어서 가자!"

톰은 주유소에서 가솔린을 넣었다. 톰이 아버지에게 말했다.

"도대체 어머니는 어떻게 된 걸까요? 아까부터 안절부절 못하시고."

"너무 지쳐서 그런 모양이다."

밤새도록 트럭은 후텁지근한 공기 속을 뚫고 앞으로 나아갔다. 이윽고 새벽이 찾아왔다. 톰이 말했다.

"드디어 우린 사막을 건넜어."

그들은 눈부신 아침 햇살 속에 산악지대를 통과했다. 태양이 등 뒤에서 솟아올랐다. 눈 아래로 거대한 계곡이 내려다보였다. 앨이 브레이크를 밟고 차를 길 한복판에 세웠다.

"야. 저것 좀 봐!"

그들의 눈앞에 푸른 포도원과 과수원, 넓고 편평한 초록의 아름다운 계곡, 줄지어 선 나무들과 농가들이 펼쳐졌다. 아버지가 들뜬 목소리로 외쳤다.

"이런 경치는 난생 처음이다."

앨이 어머니를 불렀다.

"어머니, 이리 나와 보세요! 드디어 도착했어요."

루디와 윈필드도 차에서 내려와 경치를 보고는, 그만 할 말을 잃고 말았다. 그들은 거대한 계곡 앞에서 어리둥절했다. 먼 곳에는 안개가 자욱하게 끼어 있었다. 케이시와 큰아버지, 코니와 샤론의 장미가 내려왔다. 그들 모두 아무 말이 없었다. 톰이 말했다.

"어머니한테 이 광경을 보여 드리고 싶어. 어머니, 어서 빨리 이리 오세요!"

어머니는 뻣뻣하게 굳은 몸으로 내려왔다.

"어머니, 왜 그러세요? 어디 편찮으세요?"

어머니의 얼굴은 흙빛이었다.

"그래, 다 왔단 말이지?"

"예, 저길 보세요."

톰은 거대한 계곡을 가리켰다.

"하느님, 감사합니다! 우리가 드디어 도착했구나!"

그리고는 그 자리에 털썩 주저앉았다.

"얘들아, 할머니가 돌아가셨단다."

모두들 놀란 표정으로 어머니를 쳐다보았다. 아버지가 물었다.

"아니, 언제?"

"어젯밤, 톰이 차를 세우기 전에."

"그래서 당신은 놈들에게 검사를 시키지 않으려고 했군."

"예. 전 어머니께 우리는 사막을 건너야 한다고 말씀드렸어요. 어머니가 돌아가실 때 사막에서 차를 세울 수는 없었어요. 아이들도 있고, 로저샨의 뱃속에는 아기가 있고…… 어쨌든 어머니는 아주 좋은 땅에 묻히게 됐어요."

톰이 말했다.

"그럼, 어머니는 할머니와 함께 밤새도록 누워 계신 건가요?"

"응, 식구들이 모두 사막을 건너와야 했으니……."

아버지가 말했다.

"자아, 이제 떠나자! 언덕을 내려가야 해."

어머니가 말했다.

"내가 앞에 앉아도 될까요? 이제 그 자리에는 가고 싶지 않아요."

가족들은 다시 짐 위로 올라갔다. 깃이불로 둘둘 만 할머니의 시체를 피해서 루디와 윈필드는 시체에서 멀리 떨어진 곳에 앉았다. 샤론의 장미가 갑자기 흐느끼기 시작했다. 그러자 코니가 흐느끼는 그녀를 안심시키듯 말했다.

"할머니는 너무 늙으셔서 돌아가신 거야. 사람은 누구나 한 번은 죽는걸."

케이시가 탄식하듯 말했다.

"밤새도록, 그것도 혼자서 견디다니. 참으로 대단한 여자야!"

어머니와 아버지는 톰의 운전석 옆에 앉았다. 무거운 트럭은 언덕을 굴러가기 시작했다. 어머니는 머리를 천천히 옆으로 흔들며 말했다.

"경치가 참 아름답구나. 두 분도 보았더라면……."

톰이 말했다.

"두 분 다 연세가 너무 많으셨어요. 여기 계셨더라도 아무것도 못 보셨을 거예요. 할아버지는 젊었을 때 본 인디언과 황야를 그리워하실 거고, 할머니는 맨처음 살던 집을 생각하셨을 거예요. 여길 제대로 보는 것은 루디와 윈필드예요."

"녀석, 아주 어른 같은 말을 하는구나."

아버지가 말했다. 차는 덜컹덜컹 산을 내려갔다. 톰이 말했다.

"검시관이 있는 곳으로 가야죠. 할머니를 잘 묻어 드려야 하는데…….돈은 얼마나 남았죠, 아버지?"

"40달러쯤."

"맙소사! 우린 빈털터리로 시작해야 하는군요. 맨주먹으로 말이에요."

11

식구들은 베이커즈필드의 검시관 사무소 앞에서, 양친과 큰아버지가 나오기를 기다렸다. 검시를 하고 사망증명서에 서명을 할 때까지 그들은 햇볕 아래 앉아 있었다. 마침내 세 사람이 나왔다. 그들은 아무 말이 없었다.

"달리 어쩔 도리가 없었다."

톰은 운전석에 앉아서 아버지의 지시를 기다렸다. 아버지는 깊은 한숨을 내쉬며 톰에게 말했다.

"군 공동묘지인가요?"

"그래, 돈이 모자라서……. 그래도 우리는 할 수 있는 데까지 최선을 다한 셈이야."

"이젠 어디로 가죠?"

하고 톰이 물었다.

"캠프지로! 일거리가 생길 때까지 돈을 다 써 버릴 수는 없어. 우선 시골 쪽으로 가 보자."

톰은 시가를 빠져 나가서 시골로 향했다. 다리 쪽에 텐트와 임시 오두막이 어지럽게 몰려 있었다. 톰이 말했다.

"여기서 좀 쉬었다 가죠. 어디 일거리가 있는지 알아보고요."

캠프지는 엉망이었다. 톰은 트럭을 세운 뒤 아버지를 쳐다보았다.

"그다지 깨끗하지 않군요. 어디 다른 곳으로 가실래요?"

"그냥 갈 수는 없지. 어디 일거리가 있는지, 이야기라도 들어 보자."

톰은 문을 열고 밖으로 나갔다. 가족들도 짐 위에서 내려와 신기한 듯 캠프를 둘러보았다. 맨 앞에 있는 오두막에서 한 여자가 얼굴을 내밀었다. 아버지가 그 여자에게 물었다.

"이 근처에 차를 세우고 천막을 쳐도 되겠소?"

그러자 여자의 목이 오두막 안으로 쑥 들어갔다. 잠시 후, 셔츠 바람에 턱수염을 기른 사나이가 나왔다.

"여기에다 짐을 내려놓아도 되겠소?"

"짐을 내려놓다니, 이 곳에 말이오?"

"그렇소. 천막을 치기 전에 만나야 될 사람이라도 있소?"

"이 곳에 천막을 치고 싶소?"

아버지는 짜증을 내며 말했다.

"내 말을 못 알아듣겠소?"

"맘대로 하시오. 난 말리지 않아."

"난 그저 이 땅에 주인이 있는지, 돈을 내야 하는지 그걸 알고 싶을 뿐이오."

"주인이라니, 누구 말이오?"

"에이, 빌어먹을!"

"주인이라니, 대체 누굴 말하는 거야? 누가 우릴 여기서 쫓아 낸단 말이야?"

그러더니 그는 여자를 따라 오두막 안으로 들어갔다. 톰이 아버지를 보고,

"대체 왜 저러는 걸까요?"

하고 물었다. 아버지는 모르겠다는 듯이 어깨를 으쓱했다. 아버지는 캠프지 저쪽을 바라보았다. 젊은 남자가 트럭 한 대를 세워 놓고 밸브를 닦고 있었다. 그도 조드 네 트럭을 쳐다보았다. 그 남자는 하던 일을 멈

추고 그들 쪽으로 다가왔다.

"안녕하시오?"

"저 친구, 왜 저러는 거요?"

톰이 말했다.

"신경쓰지 말아요. 머리가 약간 이상해진 것뿐이니까. 당신네들은 지금 도착했나 봐요?"

"그렇소."

"그럼, 후버빌은 처음인가요?"

"아, 여기가 후버빌이군요? 물론 처음이에요."

아버지와 큰아버지는 방수포와 침대를 내리려고 트럭에 올라갔다. 톰은 젊은 남자와 함께, 그가 손보고 있던 자동차 옆으로 걸어갔다. 톰이 물었다.

"아까 그 수염 난 늙은이는 대체 왜 그러는 겁니까?"

"보안관 공포증인가 봐요. 워낙에 보안관 놈들에게 시달렸으니 그럴 만도 하지."

"보안관이 왜 늙은이를 못살게 굴지요?"

"당신은 지금 막 도착했으니, 아마 이제부터 이 곳 사정을 알게 될 거요. 여기서 살아 보면 보안관 대리란 놈이 얼마나 사람들을 못살게 구는지 알게 될 거요."

"뭣 때문에 그러죠?"

"그야 모르지요."

"우린 일거리를 찾고 있소. 일을 얻을 수 있을까요?"

"이봐요. 여기 있는 사람들이 모두 뭘 찾고 있는지 아슈? 일거리라오. 이 밸브만 닦으면 우리 가족은 떠날 거요. 북쪽으로 가면 일거리가 있다는 소문이 있다오."

"고향에 광고 전단을 뿌리러 온 놈이 있었소. 여긴 일거리가 많다고 했는데……. 일손이 필요 없다면 왜 그런 광고지를 뿌렸겠소?"

"이봐요, 머리를 좀 쓰시오. 일거리를 찾는 사람이 많으면 많을수록 품삯이 낮아지잖소. 그래서 놈들은 광고 전단을 뿌려 댄 거요."

"이런 빌어먹을!"

"여기 있는 사람들은 모두 굶주리고 있다오. 원래 이 곳에 살던 사람들은 우리가 도둑질을 할지도 모르고, 술에 취해서 주정을 부릴지도 모르고, 또 소동을 일으킬지도 모른다고 생각하지. 그래서 우리가 여기 있는 것조차 싫어해요."

톰은 자기네 텐트 쪽을 바라보았다. 어머니가 몹시 지친 모습으로 나무 부스러기를 태워 불을 지피고, 그 위에 냄비를 올려놓는 것이 보였다. 그 주위로 아이들이 몰려들었다. 루디와 윈필드는 옆에 서서 낯선 아이들을 노려보았다.

젊은 남자가 말했다.

"여기서는 사람들이 힘을 합치려고 해도 힘들답니다. 지도자를 한 명 세우면 보안관 대리가 와서 감옥에 처넣으니까요. 다른 지도자를 또 세우면 그자도 감옥에 넣어 버리지요."

"감옥에 들어가면 굶지는 않겠군."

"하지만 남아 있는 가족들은 어떡하고요? 아이들과 아내가 굶어죽어도 좋소?"

"그렇군."

"혹시, 블랙 리스트라는 말을 들어 봤소?"

"그건 또 뭡니까?"

"우리 모두 단결합시다! 이 말 한 마디만 해 보시오. 그러면 알게 될 테니. 놈들은 당신 사진을 찍어서 여기저기에 뿌려 놓는다오. 그러면 어딜 가도 당신은 일자리를 얻지 못하지."

"난 그런 놈을 만나면 가만두지 않겠소."

"당신, 어떻게 된 게 아니오? 놈들은 당신을 당장 찍어 낼 것이오. 당신은 코와 입에 피가 말라붙어서 도랑에 죽어 엎어진 채로 발견될 거요. 신문에 기사가 나겠지. '부랑자 시체 발견되다.' 이것뿐이라오. 그래, 여기엔 오래 있을 거요?"

"모르겠어요. 내일은 일거리를 찾으러 나가야지요."

"잘해 보시오."

톰은 남자와 헤어져 자기네 텐트 쪽으로 걸어갔다. 그 때 젊은 남자가 톰을 불렀다.

"이봐요, 말썽거리를 찾아다니지 마쇼. 아까 그 보안관 공포증에 걸린 사람 기억하오? 보안관이 찾아오면 당신도 그 사람처럼 하시오. 아무것도 모르는 것처럼. 보안관은 그런 걸 좋아하지. 절대 보안관을 때리면 안 돼요. 그건 자살 행위나 마찬가지니까요."

"말도 안 돼. 보안관놈에게 짓밟혀도 가만 있으란 말이오?"

"그러는 게 당신 신상에 좋을 거요."

이렇게 이야기하고 그 사나이는 다시 일을 시작했다. 톰은 자기 텐트로 돌아갔다. 아버지와 큰아버지는 마른 버드나무 가지를 한아름 안고 돌아오다가, 불가 근처에 서 있는 아이들을 보았다.

"원 저런! 너희들 어디서 왔니?"

"음식 냄새를 맡고 왔어요."

하고 어머니가 대신 말했다.

앨은 자동차의 후드를 들어올리고, 엔진을 살폈다. 톰이 가까이 가자 그는 고개를 들었다.

"형, 엔진 좀 봐. 상태가 좋지?"

"그렇구나. 넌 역시 차를 잘 골랐어."

"난 여기까지 오면서 얼마나 걱정했는지 몰라. 차가 고장날까 봐."

"차를 잘 손질해라. 내일은 일자리를 찾으러 나가야 하니까."

"모든 게 잘 될 거야. 난 걱정하지 않아."

톰은 이번에는 케이시에게 갔다.

"당신은 언제나 그렇게 편안히 마음을 풀고 있군요. 잠깐만 내 이야기 좀 들어주실래요?"

"말해. 난 언제나 듣고 있어. 그러기 위해 생각하는 거야. 남의 이야길 들으면 그 사람의 기분을 알 수 있어. 기분은 언제나 움직이는 거야. 덕분에 나는 이 곳 사람들의 움직임을 느껴. 모두 다락방에 날아든 새처럼 날개를 퍼덕거리고 있어."

톰은 눈이 동그래져서 케이시를 보았다.

"여긴 일거리가 없는 사람들이 우글거려. 사람들은 모두 굶주리고 있고. 사람들은 배가 고파서 견딜 수 없으면, 나에게 기도를 해 달라고 하지. 그래서 나는 이따금 기도를 했어. 전에는 그렇게 하는 것이 상대방을 편하게 해 주는 줄 알았어. 하지만 이젠 그렇게 되지 않아."

"그런데 당신은 언제쯤 그 생각하는 일을 그만두고, 일거리를 얻을 거예요? 우린 일을 해야 해요. 돈도 거의 바닥났으니까요."

"나는 결국 아무런 도움을 주지 못하는군. 나 자신에게도, 다른 사람에게도 말야. 그래서 혼자 어디로 떠날까 생각했었어. 나는 밥만 축내고 자리만 차지하고 있으니. 그러면서 자네 가족들에게 아무것도 해 주지 못하고 있어. 확실한 일을 찾으면 신세를 갚을 수 있을 텐데."

"그런 생각하지 마세요. 아직은 떠날 때가 아니에요. 그런데 당신은 감옥에 들어가 본 적이 있나요?"

"그건 왜 묻지?"

"거기 있으면 뭐라고 할까, 육감이 발달하게 돼요. 무슨 일이 일어나려고 하면, 반드시 그 일이 일어나기 전에 어떤 예감을 느끼게 되지요. 탈주나 폭동이 일어날 때, 누가 알려 줄 필요도 없어요. 그런 걸 우린 미리 느끼니까요."

"그래서?"

"제발 여기 있어 줘요. 내일까지만이라도. 무슨 일인가 일어날 것만 같아요."

케이시는 톰의 얼굴을 바라보았다.

"그래, 떠나지 않을게."

"말없고 선량한 사람들이 아무것도 모르는 듯한 표정을 짓고 있을 때는 무슨 일이 일어나고 있는 거예요. 나는 내일, 트럭을 가지고 일하러 갈 거예요."

샤론의 장미는 매트리스 위에 누워 있고, 그 옆에 코니가 웅크리고 앉아 있었다.

"어머니를 도와 드려야 하는데……. 자꾸 토해요. 그래서 도울 수가 없어요."

코니는 우울한 얼굴을 하고 있었다.

"나는 여기에 오지 않았어야 했어. 고향에서 매일 밤, 트랙터 강습을 받았으면 하루 3달러는 벌었을 거야. 그 정도면 아주 근사하게 살 수 있었을 텐데. 난 이런 데서 살게 될 줄은 정말 생각조차 못했어."

코니는 텐트 밖으로 나왔다. 샤론의 장미는 엄지손가락을 재갈처럼 입에 물고, 소리가 나지 않도록 울었다. 어머니는 스튜를 끓였다. 열다섯 명 정도 되는 아이들이 그들을 구경하고 있었다. 스튜 냄새에 아이

들의 코가 벌름거렸다. 입맛을 다시는 조그만 여자아이가 어머니에게
말했다.

"아주머니, 땔감이 필요하면 제가 나무를 꺾어다 드릴게요."

"너, 스튜가 먹고 싶어서 그러지? 밥을 못 먹었니?"

"네. 이 근처엔 일거리가 없어요. 그래서 우리 아버지는 물건을 판 돈
으로 가솔린을 사서 다른 데로 가려고 해요."

그러자 어머니가 그 여자아이에게 말했다.

"저런! 넌 여기 온 지 얼마나 되니?"

"한 반 년쯤이요. 한동안 나라에서 하는 캠프에 있다가, 그 다음 북쪽
으로 갔어요. 그리고 다시 돌아와 보니 캠프는 이미 만원이었어요. 북
쪽은 참 살기 좋아요."

"그래? 거기가 어디냐?"

"위드패치 근처예요. 다시 거기 가서 살고 싶어요. 거긴 보안관들이
괴롭히지도 않아요."

앨은 텐트가 줄지어 선 길을 따라, 젊은 남자가 밸브를 닦는 것을 보
러 갔다.

"거의 끝난 모양이죠?"

"아직 두 개가 남았소."

"여긴 여자랑 노닥거릴 틈이 없겠는걸."

"난 결혼을 했소. 게다가 여자랑 노닥거릴 시간도 없고."

"난 얼마든지 있는데……."

"배가 고프면 생각이 달라질 거요. 아까 나와 이야기한 사람도 당신
일행인가?"

"네, 우리 형이에요. 우리 형한테 함부로 굴지 말아요. 사람을 죽인
적도 있으니까!"

"그럴 사람 같지는 않아 보이던데?"

"물론 그런 사람은 아니죠. 하지만 형은 남이 함부로 날뛰는 걸 못 보는 성미예요."

앨은 조금 우쭐거리며 말했다.

"제가 좀 도와줄까요?"

"그래 주시겠소?"

"난 앨 조드라고 해요. 어쨌든 반가워요."

"난 폴로이드요."

두 사람은 차를 고쳤다. 어느 새 오후의 해가 반쯤 기울어졌다. 폴로이드가 말했다.

"나는 여기 온 지 벌써 여섯 달째요. 그 동안 나는 아내와 아이들이 굶지 않게 해 주려고 부지런히 움직였다오. 그랬는데도 식구들을 먹여 살릴 수가 없었소."

"안정된 일거리가 전혀 없단 말인가요?"

"그래요."

그 때 윈필드가 와서 앨에게 저녁을 먹으러 가자고 했다. 앨은 바지에 손을 닦았다.

"밥을 먹고 와서 또 도와줄게요."

"일부러 오지는 말아요."

"아니, 꼭 올 거예요."

앨은 윈필드와 함께 텐트로 갔다. 거기에는 아이들이 가득 몰려 있었다. 어머니는 안타까운 듯이 말했다.

"난 어떻게 해야 할지 모르겠구나. 식구들은 먹어야겠고……. 그런데 이 아이들은 어떡하지?"

어머니는 식구들에게 스튜를 떠 주었다. 아이들이 스튜 접시를 쳐다

보았다. 그러자 큰아버지는 시장하지 않다며 접시를 내려놓았다. 톰이
말했다.

"얘들아, 거기 있어 봐야 소용 없어. 너희에게 나눠 줄 만큼은 없어."
어머니가 말했다.

"그래도 차마 보낼 수가 없구나. 모두 접시를 들고 텐트 안으로 가서
먹어라. 조금 남은 것은 이 아이들에게 먹일 테니까."
어머니는 어린아이들을 보고 미소지었다.

"자아, 어서 가서 그릇과 수저를 가져오너라."
그러자 아이들은 무서운 속도로 흩어졌다가 다시 왔다. 어머니가 미
안한 듯이 말했다.

"여기 냄비를 둘 테니, 모두 조금씩 맛이나 봐라. 하지만 요기는 안
될 거야."

식구들은 저마다 접시를 들고 텐트 안으로 들어갔다. 아이들이 냄비
를 긁어 대는 소리가 들려왔다. 잠시 후, 어머니는 식구들의 접시를 걷
어 설거지를 하러 나갔다. 앨이 급히 다가와서 톰과 어머니를 찾았다.

"무슨 일이야, 앨?"

"형, 같이 좀 가 봐."

"무슨 일인데?"

"가면서 이야기 해. 저기 가 보면 알아."
앨은 서둘러 분해해 놓은 차 앞으로 톰을 데리고 갔다.

"이 사람은 폴로이드야."

"그래. 나도 아까 인사했어. 그래, 여기서 뭐하는 거예요?"

"지금, 조립하고 있어요."

"형, 폴로이드가 하는 얘기를 좀 들어 봐."
그러자 폴로이드가 말했다.

"말하면 안 되는데……. 어떤 사람이 그러는데 북쪽으로 가면 일거리가 많대요. 산타클라라 계곡 근처에 말이오."

"그런데 그 일을 왜 우리에게 말하는 거요? 사람들이 알게 되면 다들 그 곳으로 몰릴 텐데."

"당신 동생이 내 일을 도와주길래 고마워서 얘기해 준 것뿐이오."

"이 곳에는 정말 일거리가 없소? 거긴 너무 먼 곳이오. 우린 여기서 일자리를 얻고 정착하고 싶소."

"당신들은 여기 온 지 얼마 안 되지 않소. 내 얘길 들으면 그만큼 당신들에게 도움이 될 거요."

그 때 세단 한 대가 캠프지로 들어와 바로 옆 텐트 앞에 멈추었다.

"어떻게 됐소?"

폴로이드가 물었다.

"빌어먹을! 여긴 아무 일도 없소."

하고는 너덜너덜한 텐트 속으로 들어갔다.

"들었죠?"

하고 폴로이드가 말했다.

"형, 우리도 가는 게 좋겠어."

앨의 말에 톰이 말했다.

"어머니는 너무 지치셨어. 더 이상 움직이고 싶어하지 않아."

이윽고 톰이,

"일단 가족들과 의논해 봐야겠군."

하고 말했다. 그러자 폴로이드가 말했다.

"당신네 식구 이외에는 아무에게도 말하지 마시오. 당신 동생이 날 도와주지 않았으면 당신한테도 말하지 않았을 거요."

"고마워요. 잘 생각해 보겠어요."

어느 새 해가 지고 있었다. 여자들은 식사 준비를 하기 위해 불을 지피기 시작했다. 신형 시보레 쿠페 한 대가 캠프지로 달려왔다.

"저건 누구요?"

톰이 묻자, 폴로이드가 대답했다.

"보안관 같군."

차문이 열리자 한 남자가 내리고, 다른 한 남자는 내리지 않았다. 사람들의 시선이 모두 차에서 내린 남자에게 쏠렸다.

"당신들, 일하고 싶은가?"

그러자 주위에 있던 남자들이 우르르 그 남자에게로 몰려들었다.

"물론, 일하고 싶죠. 어디 일자리라도 있나요?"

"툴래어 지방이오. 지금 한창 과일을 따는 시기라 일손이 부족해요."

그러자 폴로이드가 나섰다.

"당신이 고용하는 거요?"

"그렇소. 나는 농지 청부를 맡은 사람이오."

"품삯은 얼마나 주나요?"

"딱 잘라 말할 수는 없어."

"왜 정확히 모르지? 당신이 청부를 맡았다면서?"

"그야 그렇지만, 과일값에 따라 품삯이 결정되니까."

폴로이드가 결심한 듯 말했다.

"나는 갈 거요. 그런데 당신은 청부인이니 면허증이 있을 테지. 그걸 좀 보여 주시오. 그리고 우리가 일하러 갈 장소와 날짜, 얼마를 지불할지를 정하고 서명해 주면 우리 모두 가겠소."

"당신, 나한테 이래라저래라 지시할 참인가? 쓸데없는 참견은 하지 않는 게 좋아."

"당신은 일꾼이 몇 사람이나 필요하고, 얼마를 지불하겠다는 말은 하지 않았소."

"제기랄! 난 아직 모른단 말야."

"모른다면 사람을 고용할 권리가 없어."

"만약에 당신들이 여기에 있고 싶으면 그러라고! 나는 다른 캠프지로 가서 사람을 구하면 되니까."

폴로이드는 남자들에게 말했다.

"우리는 두 번이나 이런 수법에 넘어갔소. 이 사람은 천 명이 필요한데 5천 명 정도나 되는 사람들을 끌어다 모아 놓고 임금을 깎을 게 뻔해요. 이 사람이 일꾼을 고용하고 싶으면, 우리에게 면허증과 서류를 만들어서 얼마를 줄 것인지 정확하게 말해야 해요. 그렇지 않으면 계약을 맺을 수 없어요."

그러자 청부인은 자동차 쪽을 보고,

"조!"

하고 불렀다. 차에서 다른 남자가 내렸다. 그는 묵직한 권총을 차고 있었다.

"뭐야?"

권총잡이가 말했다.

"이 자식, 전에 본 적 있나, 조?"

"어느 놈 말이야?"

"이놈!"

청부인은 폴로이드를 가리켰다.

"그놈이 어떻게 했는데?"

"사람들을 선동해서 말썽을 부리려고 해."

보안관 대리는 천천히 돌면서 폴로이드의 얼굴을 보았다.

"흐흠, 본 적이 있는 것 같아. 지난 주 중고차 주차장이 습격당했을 때 어쩐지 이렇게 생긴 놈이 근처에 있었던 것 같아. 맞아. 분명히 그 때, 그놈이야!"

그리고는,

"저 차에 타라."

하고 말하더니 권총 자루를 만지작거렸다. 그러자 톰이 끼어들었다.

"이 사람은 아무것도 잘못한 게 없소."

보안관 대리가 휙 돌아서며 말했다.

"너도 끌려가고 싶어? 하긴 그 때 주차장에 얼씬거린 놈이 둘이었으니까."

"난 지난 주에 이 곳에 오지도 않았어."

"그럼 넌 다른 곳에서 수배되고 있겠지? 닥쳐!"

청부인이 말했다.

"이런 빨갱이 말은 들을 필요가 없어요. 늘 말썽을 피우는 놈들이니까! 그런데 나는 당신들 모두를 쓸 수 있단 말이오."

청부인의 말에 아무도 대답하지 않았다.

"내 말을 듣는 게 좋을걸. 위생국에서는 이 캠프를 없앨 계획이니까. 어쩌면 불을 지를지도 몰라."

폴로이드는 보안관 대리 곁에 서 있었다.

"좋아. 내 이야기는 끝났으니, 마음대로 하시오. 자, 너도 어서 차에 타라!"

청부인은 폴로이드의 왼쪽 팔을 움켜잡았다. 폴로이드는 그 팔을 뿌리쳤다. 그리고는 주먹으로 보안관 대리의 얼굴을 때리고는 텐트 사이를 마구 달렸다. 보안관 대리가 비틀거리는 순간, 톰이 슬쩍 다리를 걸어 고꾸라뜨렸다. 보안관 대리는 엎어지면서 권총을 잡아 마구 폴로이드에게 발사했다. 그 총알은 텐트 앞에 있던 여자를 맞췄다. 여자가 비명을 지르며 쓰러졌다.

폴로이드는 버드나무 숲을 향해 도망쳤다. 땅바닥에 주저앉은 보안관 대리가 다시 권총을 쏘았다. 그 때 케이시가 튀어나와 보안관 대리의 목덜미를 걷어찼다. 자동차는 모래 먼지를 일으키며, 국도로 쏜살같이 사라져 갔다. 총에 맞은 여자의 흐느끼는 소리가 점점 커졌다. 보안관 대리는 땅바닥에 쓰러져 있었다. 톰은 그의 권총을 주워 총알을 뺐다.

"이런 놈은 총을 가지면 안 돼!"

케이시가 톰에게 다가와 말했다.

"어서 도망쳐! 버드나무 숲 속에서 기다리고 있어. 이놈은 내가 찬 건 모르지만, 자네가 다리를 거는 걸 봤으니까."

"난 도망치고 싶지 않아요."

"자네는 가석방 규칙을 어겼어. 당장 감옥에 갈걸! 어서 가! 이놈이 정신을 차리기 전에!"

톰은 버드나무 숲으로 모습을 감췄다. 앨은 쓰러진 보안관 대리 곁으로 갔다. 사람들은 아직도 의식이 없는 보안관 대리를 지켜보았다. 그 때 사이렌 소리가 들렸다. 순간 사람들은 긴장했다. 그들은 뿔뿔이 흩어져서 자기 텐트로 들어갔다. 앨과 케이시 두 사람만 남았다. 케이시가 앨에게 말했다.

"어서 가. 너는 아무것도 모르니까!"

"그럼, 목사님은 어떡하고요?"

"난 가족이 없어. 감옥에 들어가서 그저 하는 일 없이 앉아 있기만 하면 돼."

"하지만, 아무 이유 없이……."

"어서 가라니까! 너까지 소동에 말려들면 너희 가족이 힘들어져."

사이렌 소리가 점점 가깝게 들리면서 자동차가 가까워졌다. 보안관 대리는 신음 소리를 내며 눈을 뜨려고 안간힘을 썼다. 차 안에서 소총으로 무장한 네 명의 남자가 내렸다. 그 중 남자 하나가 쓰러진 보안관 대리에게로 갔다. 그는 어느 정도 정신을 차렸다. 무장한 남자들은 보안관 대리를 부축해 일으킨 다음, 케이시를 차에 태웠다. 케이시는,

"저쪽에 여자 하나가 이 사람이 쏜 총에 맞아 거의 죽어가고 있소."
라고 말했다.

"그건 나중에 처리한다. 마이크, 이놈이 자넬 때렸나?"

"글쎄, 아닌 것 같은데⋯⋯."

"내가 그랬어. 당신이 엉뚱한 사람을 쏘아서."

케이시가 말했다.

"아니야. 이놈이 아닌 것 같아."

"나는 말썽 부리지 않을 테니, 여자의 상처를 좀 봐 주시오."

보안관 대장이 손에 총을 들고 여자한테로 갔다가 잠시 후 돌아왔다. 그는 약간 자랑스럽게 말했다.

"45구경은 정말 대단해! 이미 지혈 조치를 끝냈더군. 잠시 후 의사를 보내 주지."

보안관들은 케이시를 태우고 캠프지를 떠났다. 그러자 사람들이 텐트에서 나왔다. 해는 이미 기울었다. 앨은 조드 네 방수포 밑에서 기어나와, 톰에게 휘파람을 불어 신호를 보냈다. 샤론의 장미가 텐트에서 나오며 코니를 찾았다.

"코니가 안 보여요."

"나도 못 봤는데."
하고 어머니가 말했다.

"코니가 나를 두고 어디로 갔나 봐요."

샤론의 장미는 눈물을 흘렸다.

"얘야, 마음을 단단히 먹어라. 그렇지 않으면 안 돼. 자, 이리 와서 감자 껍질이라도 벗겨라."

"코니가 나를 두고 어디로 갔으면 어떡하죠, 어머니?"

"얘야, 자꾸 슬픈 생각은 하지 마라! 엄마가 너를 지켜줄 거야. 자, 아무 걱정 말고 어서 감자 껍질이나 좀 벗겨라."

"어디 두고 봐, 코니! 내가 가만 있지 않을 거야."

샤론의 장미는 격한 목소리로 말했다. 그 때 큰아버지가 청바지에서 꼬깃꼬깃한 지폐를 꺼냈다. 5달러짜리 지폐였다.

"훔쳤어요, 형님?"

"아니, 전부터 갖고 있었어. 술을 사 먹으려고 간수해 뒀지. 언젠가 술을 마시고 싶을 때가 올 것 같아서. 지금까지는 그런 때가 안 올 줄 알았지. 그런데 목사가 톰 대신 잡혀가니 마음이 아파."

어머니가 말했다.

"목사님이 톰 대신 붙잡혀 간 것과 술 마시는 것이 무슨 상관이죠?"

"글쎄, 말로는 설명이 안 돼. 하지만 나는 술을 마시고 취하려고 해. 언젠가 나도 내 영혼에 있는 죄를 벗을 때가 있겠지."

큰아버지는 얼빠진 사람처럼 어둠 속으로 걸어갔다. 그는 국도로 나가서 식료품 가게 앞으로 갔다. 그리고 모자를 떨어뜨리고 자기를 학대라도 하듯이 마구 짓밟았다.

가족들은 큰아버지가 걸어가는 뒷모습을 한동안 바라보았다. 앨과 톰은 버드나무 숲을 걸어나왔다. 톰이 말했다.

"케이시가 그런 일을 할 줄 알았어. 그는 늘 우리 집을 도와주지 못해 미안해했으니까. 그건 그렇고, 넌 코니가 어디로 간 것 같니?"

"글쎄."

두 사람이 폴로이드의 텐트까지 왔을 때 나직하게 그들을 부르는 소리가 들렸다. 폴로이드가 방수포를 조금 들쳤다.

"당신들은 이제 떠날 건가?"

톰이 말했다.

"글쎄, 떠나는 게 좋을까요?"

"그 경찰놈이 하는 소리를 못 들었소? 안 떠나면 불을 지른다잖아."

"그럼 떠나는 게 좋겠군. 그런데 당신은 어디로 갈 거요?"

"북쪽으로 가야죠."

앨이 말했다.

"그런데 이 근처에 국영 캠프가 있다던데, 그게 어디 있을까요? 거긴 좋다면서요?"

"물론 좋지. 무엇보다도 우리를 사람으로 대접해 주니까. 하지만 거기도 사람들로 꽉 찼어요."

톰이 말했다.

"그런데 그 보안관놈은 왜 그렇게 못살게 구는 거지요? 일부러 말썽을 일으키려는 것 같아."

"여기 사정은 잘 모르지만, 나는 북에서 보안관이랑 친한 사람을 알고 있어요. 그 사람이 그러는데, 보안관 대리는 누군가를 붙잡아 들여야 돈을 받는다는군. 그래서 일부러 사람들을 들쑤셔서 일을 만들고는 붙잡는다고 하던데."

톰이 말했다.

"우리도 그만 떠나야겠어요. 잘 가요, 폴로이드!"

"잘 가시오. 언젠가 만날 날이 있겠지요."

앨과 톰은 폴로이드와 헤어져 자기들의 텐트로 왔다.

"톰이냐?"

어머니가 외쳤다.

"우린 여길 떠나야 해요, 어머니!"

"갑자기 무슨 일이냐?"

"놈들이 오늘 밤 이 캠프에 불을 지른대요."

"왜? 우리는 아무 짓도 안했는데……."

"물론 아무 짓도 안했지요. 보안관 한 놈을 때려 준 것밖에는. 그자들은 우리를 몰아 내고 싶은 거겠죠."

그 때 샤론의 장미가 톰에게 불쑥 물었다.

"혹시 코니 못 봤어?"

"봤어. 강둑을 따라 남쪽으로 갔어."

하고 앨이 말했다.

"그럼, 아주 떠난 거야?"

"잘 모르겠어."

어머니는 딸의 얼굴을 쳐다보았다.

"로저샨, 넌 자꾸 이상한 소리를 하는구나. 코니가 너한테 무슨 얘기라도 했니?"

"고향에서 트랙터 강습이나 받을 걸 그랬다고 후회했어요."

그 말을 듣자 다들 아무 말도 하지 않았다. 아버지가 말했다.

"코니는 쓸모없는 놈이야. 배짱도 없고."

샤론의 장미는 훌쩍이며 텐트 안으로 들어갔다.

"도로 찾아와도 소용 없을 거야."

하고 앨이 말했다. 아버지가,

"그런 놈은 필요없어."

하고 말했다. 어머니는 샤론의 장미가 걱정되어 조심스럽게 말했다.

"쉿! 그런 말 하지 말아요. 로저샨은 아기를 가졌어요. 그 아기에겐 코니의 피가 흐르고 있어요. 아기의 아버지를 욕하면, 아기에게 좋지 않아요."

그러자 톰이 말했다.

"그래요, 그런 이야기는 나중에 해요. 우린 빨리 식사를 하고 이 곳을 떠나야 해요."

"도대체 어디로 떠난단 말이냐? 우리는 조금 전에 여기 도착했는데?"

하고 어머니가 아들을 바라보았다.

"어머니, 오늘 밤에 놈들이 여길 불사른다니까요. 만일, 여기 있다가 그 일을 당하면 난 참지 못하고, 일을 저지르고 말 거예요."

톰의 단호한 태도에 어머니는 마음을 정했다.

"알았다. 그럼, 어서 밥을 먹고 떠나자."

톰은 큰아버지를 찾으러 국도를 건너서 가게로 갔다.

"어서 오시오."

하고 주인 영감이 말했다.

"큰아버지를 찾으러 왔는데요……."

"당신들은 툭하면 여길 와서 사람을 찾는군. 그래놓고는 나보고 자기 식구가 북쪽으로 갔다고 전해 달라고 하네."

톰이 웃으며 말했다.

"그럼, 코니라는 애송이를 보시거든, 우리가 남쪽으로 갔다고 전해 주세요. 그런데 지금 내가 찾는 사람은 그놈이 아니랍니다. 예순 살 정도 된 노인이 여기서 술을 사지 않았나요?"

"그 영감이라면 알지. 난 그런 사람은 처음 봤거든. 모자를 가게 앞에서 벗어던지더니 막 밟아 대더군. 자, 여기 그 영감의 모자가 있소."

"큰아버지는 그럼 여기 안 계신가요?"

"여기서 술을 마시고는 밖으로 나갔어. 북쪽으로 가다가 강변 쪽으로 내려가더군. 아직 멀리 가지는 못했을 거요. 술에 취해 비틀거리고 있었으니까."

톰은 강변 쪽으로 걸어갔다. 얼마쯤 갔을 때, 둑 밑에서 굵고 탁한 목소리가 났다. 큰아버지가 술에 취해 노래를 부르고 있었다. 톰은 소리가 나는 쪽으로 내려갔다. 그러자 큰아버지가 돌아보았다

"누구냐?"

"저예요, 톰."

"톰, 나는 죽고 싶어! 관 속에 눕고 싶구나."

"큰아버지, 제 말 좀 들어 보세요. 우린 이젠 떠나야 해요."

"난 안 간다. 여기서 쉴 거야. 돌아가도 아무 소용도 없어. 난 더 이상 쓸모가 없단 말야."

"그래도 가셔야 해요. 큰아버지가 안 가시면 우리도 못 가요."

"어서 가거라. 나는 죄를 지은 인간이라서 너희 식구들에게 안 좋은 일만 생기게 할 뿐이야."

"큰아버지는 아무런 죄가 없어요. 그러니 함께 가요."

톰은 애원하며 손을 내밀었다. 하지만 큰아버지는 그 손을 뿌리치며 말했다.

"안 간다니까. 나는 너무 지쳤어!"

톰은 잠시 생각하더니, 큰아버지에게 주먹을 날렸다. 큰아버지 턱에 일격을 가하자, 큰아버지는 땅바닥에 벌렁 넘어져 꼼짝도 하지 못했다. 톰은 큰아버지를 업고 텐트로 걸어왔다.

톰이 없는 동안, 식구들은 캠프를 정리했다. 앨은 트럭에 짐을 싣고 있었다. 이제 방수포로 짐을 덮기만 하면 되었다. 가족들은 큰아버지의 모습을 보고 몹시 놀랐다.

"할 수 없었어요. 큰아버지가 안 오시려고 해서요."

떠날 준비가 다 되었다. 톰과 앨은 큰아버지를 짐 위로 끌어올렸다. 톰이 물었다.

"로저샨은 어디 있어?"

샤론의 장미는 턱을 괸 채 우두커니 앉아 있었다. 톰은 샤론의 장미 곁으로 갔다.

"자, 가자!"

"난 안 갈래, 오빠. 코니가 오기 전에는 갈 수 없어."

"코니는 나중에 우릴 찾아올 거야. 내가 가게 주인 아저씨에게 우리가 가는 곳을 말해 두었어. 그러니 나중에 우릴 찾아올 거야."

"난 그래도 기다릴 거야."

"안 돼. 그럴 수는 없어."

어머니는 딸의 팔을 잡아끌었다.

"어머니, 코니는 공부할 책을 사러 갔는지도 몰라요."

"그래, 그럴지도 모르지. 톰 오빠가 가게에 말해 두었다잖니? 그러니어서 차에 타자."

어머니는 샤론의 장미를 설득했다. 톰은 운전석에 앉은 뒤, 남쪽으로 방향을 잡았다. 어머니가 말했다.

"톰, 너는 남과 싸우지 않겠다고 약속했잖니?"

"나도 애썼어요. 그런데 그 보안관 놈이 나를 화나게 했어요. 놈들이 법대로 한다면야 우리도 말을 듣지요. 그런데 겁을 주려고 하니 그게 문제지요."

"그래도 넌 약속했어."

"나도 열심히 참고 있어요."

"톰, 나는 늘 기도하고 있단다. 네가 시끄러운 일에 걸려들지 않게 해 달라고."

"어머니, 저도 노력할게요. 하지만 캠프에 불을 지르는 것은 아주 나쁜 짓이에요."

차는 덜커덩거리며 달렸다. 전방에 빨간 불빛이 국도를 막고 늘어서 있었다. 톰이 트럭을 세우자, 낯선 남자들이 트럭을 둘러쌌다. 그들은 곡괭이와 엽총으로 무장하고 있었다.

"당신들은 어디로 가는 길인가?"

톰의 얼굴이 굳어졌다. 그의 손이 살그머니 잭 손잡이를 찾았다. 그때 어머니가 그 팔을 붙잡고 힘을 주어 눌렀다. 톰이 말했다.

"글쎄요."

그러더니 톰은 비굴한 목소리로 말했다.

"우린 이 고장은 처음이에요. 툴래어라는 곳에 일이 있다고 해서 거길……."

"그래? 그럼 당신들은 길을 잘못 잡았어. 우리 마을에 오우키는 단한 놈도 못 들어와!"

"그럼, 어디로 가야 하나요?"

"뒤로 돌아서 북쪽으로 가. 그리고 여기는 얼씬도 하지 마."

"알겠습니다, 아저씨!"

톰은 후진 기어를 넣고 방향을 돌렸다. 어머니가 아들의 어깨를 토닥거렸다.

"잘 했다, 톰! 정말 잘했어. 앞으로도 이렇게 참아야 하는 거야."

그 때 톰은 그 남자들이 북쪽으로 가는 것을 보았다. 그리고 잠시 후에 멀리서 아우성 소리와 비명 소리가 들리고, 불꽃이 치솟는 것이 보였다. 톰은 차를 돌려 다시 남쪽을 향해 달렸다. 어머니가 물었다.

"톰, 어디로 가니?"

"남쪽으로요. 그런 놈들에게 떠밀려 쫓겨날 수는 없어요. 시내를 통

과하지 않고 돌아가는 길을 찾을래요. 그 국영 캠프를 찾아가겠어요. 거긴, 보안관 대리도 함부로 설칠 수 없대요. 나는 보안관 놈들과 가까이 있기 싫어요. 잘못하다가는 보안관 놈들을 죽일 수도 있을 것 같아서요."

톰은 사잇길로 빠져서 남쪽으로 접어들었다.

12

톰이 위드패치의 캠프를 찾아 시골길로 차를 몰아간 것은 밤이 깊어서였다. 변변한 불빛 하나 없는 시골이었다. 높은 철사 울타리가 도로를 따라 서 있고, 넓은 문이 있는 차도가 안으로 굽어 들어가 있는 게 보였다. 문을 들어서서 조금 더 가니, 창문에 불빛이 새어 나오는 작은 집이 보였다. 톰은 그리로 갔다. 야경꾼이 차 쪽으로 걸어오자 톰이 물었다.

"여기 우리가 머무를 데가 있나요?"

"자리가 한 군데 있는데 식구가 몇이오?"

"여덟 명이요."

"그럼 저쪽 줄 끝까지 가서 오른쪽으로 가시오. 당신들은 제4위생반이니까."

"제4위생반이라뇨? 그게 뭐죠?"

"화장실과 샤워장, 그리고 세탁장이오."

톰은 텐트의 줄을 따라 차를 몰고 갔다.

"거기다 주차해요."

하고 야경꾼이 말했다.

"여긴 좋은 곳이오. 마침, 여기 있던 가족이 막 떠났다오. 나와 함께 사무실로 가서 서류를 만듭시다. 그 동안 다른 사람들은 짐을 풀고 휴식을 취하시오. 캠프 위원이 내일 아침에 당신 가족을 찾아가 입소 수속을 해 줄 거요."

톰이 물었다.

"당신은 보안관이오?"

야경꾼은 웃었다.

"아니, 여기는 여기만의 보안관이 있소. 우리들이 보안관을 뽑는다오. 자, 이리로 와요."

톰은 야경꾼을 따라 사무실로 올라갔다. 이름과 주소 등 몇 가지를 물은 뒤, 서류 작성을 끝낸 야경꾼이 말했다.

"내일 캠프 위원회 사람을 만나시오. 그 사람이 캠프 사용법과 규칙에 대해 말해 줄 거요."

"그게 뭡니까? 대체, 무슨 위원회인가요?"

"여긴 위생반이 다섯 개라오. 각 반마다 중앙 위원을 뽑아요. 그 위원회가 규칙을 만들고, 누구나 위원회가 시키는 대로 하면 됩니다."

"그 사람들이 성가시게 하면요?"

"그럼, 다시 투표로 위원을 뽑지요."

톰은 웃으며 물었다.

"그럼, 이 캠프를 관리하는 사람은 모두 여기 있는 사람들이겠군요."

"그렇지요. 그리고 여기는 부인 위원회도 있어요. 거기서 내일 당신 어머니를 찾아갈 거요."

"그런데 여기 있는 사람들 중 누군가가 나쁜 짓을 하거나 술주정을 하면 어떡하죠?"

"그럼 먼저, 중앙 위원회가 그에게 주의를 주지. 두 번째, 세 번째 경고도 무시하면 캠프에서 쫓아 낸다오."

"도무지 믿어지지가 않는군요. 오늘 저녁 보안관 대리와 어떤 놈팽이들이 강가의 캠프를 불살랐다오."

"놈들은 여긴 들어오지 못해요. 밤에 가끔, 젊은이들이 울타리 둘레를 순시하거든. 특히 댄스 파티가 있는 날 밤엔."

"댄스 파티라고요? 정말 놀랍군요."

"자, 이제 그만 가서 쉬시오. 이 캠프에선 아침이 일찍 시작되니까."

톰은 늘어선 텐트 사이를 다시 걸어갔다. 그는 텐트 줄이 가지런하고 잘 정리되어 있다는 것을 알았다.

다음 날 새벽, 쇠붙이 부딪치는 소리에 톰은 잠을 깼다. 그리고 소리가 나는 쪽으로 걸어갔다. 젊은 여자가 난로 옆에서 음식을 만들고 있었다. 베이컨 지지는 냄새와 빵 굽는 냄새가 났다. 톰은 난롯가로 가서 불을 쬐었다. 그 때 젊은 남자가 텐트 속에서 나왔다. 그의 아버지인 듯한 나이든 남자도 나왔다.

"안녕하시오."

"안녕하세요."

"아침은 먹었소?"

"아뇨, 우리 집 식구들은 아직 일어나지 않았습니다."

"그러면, 우리하고 같이 먹어요. 음식은 넉넉하니까."

"염치없지만, 그럴까요? 어찌나 음식 냄새가 좋은지 거절하기가 힘드네요."

"당신들은 어디서 일을 하고 있나요?"

"우린 어젯밤에 여기 들어왔어요. 그래서 아직 일을 찾지 못했어요."

"우리는 12일째 일을 하고 있다오."

"이렇게 새 옷까지 샀는걸요."

하며 여자가 자기 옷을 보여 주며 수줍게 웃었다. 어느 새 날이 밝아 붉

은빛이 연하게 번쩍이고 있었다. 아버지와 아들은 식사를 끝냈다.

"이제 가야지."

하고 나이 많은 남자가 말했다. 젊은 남자가 톰에게 말했다.

"우린 파이프 묻는 공사를 하는데……. 같이 갈래요? 어쩌면 당신도 일을 얻을 수 있을지 몰라요."

"고맙습니다. 사실은 저도 같이 일하러 가고 싶은데, 식구들에게 말해 놓고 오겠습니다."

톰은 식구들이 있는 텐트로 가서 허리를 굽히고 안을 들여다보았다. 루디가 깨어 있었다.

"루디, 오빠는 일거리가 생길 것 같아서 나갔다고 해라. 아침은 이웃 사람하고 같이 먹었다고 어머니께 말씀드리고. 알았지?"

루디는 고개를 끄덕였다.

톰은 두 사람을 따라 텐트 사이로 걸어갔다. 캠프는 벌써부터 활기를 띠기 시작했다. 톰이 말했다.

"댁에서 아침도 얻어 먹었는데, 아직 이름도 모르다니……. 전 톰 조드라고 합니다."

그러자 나이든 남자가,

"여기 온 지 얼마 안 돼서 잘 모르겠지만, 여기선 모두 친구로 통하지. 아무튼 난 티모시 월리스라고 해요. 얘는 내 아들 윌키고."

"여기 오신 지는 얼마나 됐나요?"

"벌써 열 달째요. 지난 해 홍수가 난 뒤에 왔지. 그 땐 정말 죽을 고생을 다 했어요."

남자들을 가득 태운 트럭이 지나갔다.

"저 사람들은 가스 회사로 일하러 가는 사람들이야. 벌이가 괜찮은 모양이야."

하고 나이든 남자가 말했다. 톰이 물었다.

"댁엔 차가 없나요?"

부자는 대답하지 않았다. 티모시가 한참 후에 화난 듯한 목소리로 말했다.

"그래, 우린 차가 없네. 팔아 버렸어! 우린 굉장히 배가 고팠으니까! 우린 차를 겨우 10달러에 팔았다네. 놈들이 제대로 가격을 쳐 주지 않았어. 우리 처지를 이용한 거지."

아버지의 말에 윌키가 조용히 말했다.

"지난 주에 시내에서 우리 차를 봤어요. 중고차 판매상에 나와 있었는데, 75달러 가격표를 붙여 놨더군요."

톰이 말했다.

"우린 여기 오면 일자리가 많다는 말을 고향에서 들었어요."

"그건 우리도 들었소. 그런데 일이라곤 별로 없고, 품삯도 형편없이 내리기만 하고 있어."

"그래도 지금은 일이 있잖아요."

톰이 말했다.

"그래, 하지만 그것도 오래 가지는 않을 거요. 저기가 우리가 일할 농장이야. 한 시간에 30센트씩이요. 주인은 마음씨가 착하고 좋은 사람이야."

세 사람이 도착한 곳은 몇 그루의 나무와 창고가 있는 작은 농가였다. 차고 뒤에는 포도원과 목화밭이 있었다. 그 때 키가 작은 주인이 나타났다.

"밤새 안녕하셨어요, 토머스 씨?"

티모시가 인사하자, 주인은 화가 난 듯이 대답했다.

"안녕하시오."

"이 사람은 톰 조드라고 합니다. 혹시 일을 시켜 주실 수 있을까요?"

"좋소, 써 주지. 백 명이라도 말야."

티모시가 다시 변명조로 말했다.

"사실, 당신들에게 할 이야기가 있소. 지금까지는 한 시간에 30센트였는데, 제기랄! 오늘부터는 25센트요. 그래도 하겠소?"

"그게 무슨 말입니까? 저흰 열심히 일했는데……."

"그래, 나도 알고 있소. 당신들이 열심히 일한 걸. 그런데 이제 나는 사람을 내 맘대로 쓰지 못해요. 여기 노동조합이 있다는 걸 알죠? 나도 거기 조합원이라오. 그런데 그 노동조합을 누가 움직이는지 알고 있소? 바로 서부 은행이오. 그 은행이 이 계곡 지대의 땅을 거의 갖고 있어요. 어제 은행에서 출장 나온 조합원이 그러더군. 25센트로 임금을 낮추라고. 30센트를 주면 소동이 일어난다나? 만약 그렇게 하지 않으면, 영농 자금을 빌려 주지 않겠다는 거예요. 시세가 25센트라나……. 그러니 난들 어쩌겠어요?"

"저희는 열심히 일했는데……."

"나는 돈을 빌려 쓰고 있어요. 조합의 말을 듣지 않으면 나도 힘들어져요. 잠깐만 기다려요."

토머스는 이렇게 말하고 집으로 들어가 손에 신문을 들고 나왔다.

"이걸 보셨소? 내가 읽어 주지. '시민, 적색분자 선동에 격분하여 타지방 이주자들의 캠프를 불사르다. 어제 저녁, 시민들은 이 곳에 들어와 주저앉으려는 타지방 사람들의 캠프에서 자행되는 선동에 격분, 텐트를 불사르고 선동자를 그 지역에서 추방시켰다.'"

"그건 저어, 내가……."

하고 톰은 말을 꺼냈으나, 얼른 입을 다물었다. 토머스가 다시 한 번 물었다.

"당신들은 어떻게 하겠소? 25센트에 일을 하겠소?"

세 사람은 일을 하겠다고 말했다.

"그런데 토요일 밤에는 댄스 파티가 있다죠?"

토머스의 말에 윌키가 웃으며 말했다.

"네, 그래요."

"그럼, 이번 토요일에는 조심해요."

그러자 티모시가 물었다.

"그게 무슨 말입니까?"

"절대로 내가 말했다고 하지 않는다면 말씀 드릴게요. 그러니까 조합은 국영 캠프를 좋아하지 않아요. 거기는 보안관이 들어갈 수 없다죠? 하지만, 큰 싸움이나 총기 사건이 있으면 갈 수 있어요. 캠프 사람들을 몰아 낼 수 있단 말이에요."

티모시가 다시 물었다.

"그게 무슨 뜻이죠?"

"토요일 저녁에 아마 싸움이 벌어질 거예요. 그 뒤를 이어 보안관들이 쳐들어갈 준비를 하고 있어요."

"아니, 왜 그런 짓을 하죠? 거기 사람들은 아무도 해치지 않았는데."

톰이 물었다.

"그 캠프 사람들은 인간다운 대접을 받고 있어요. 그래서 거기 사람들이 국영이 아닌 다른 캠프로 가면 다루기가 힘들대요. 자, 이제 그만 일하러 갑시다. 내가 이런 말을 하다니. 이러다가 내 농장까지 잃는 게 아닐지……."

티모시가 말했다.

"어디서 들었는지 절대로 말하지 않겠습니다. 어쨌든 알려 주셔서 감사합니다."

톰이 일하러 간 사이 루디는 위생실로 가서 한참 동안 그 안을 들여다보았다. 하지만 윈필드가 없어서 그다지 흥이 나지 않았다. 루디는 텐트로 돌아가서 윈필드를 깨웠다. 두 꼬마는 다시 위생실 쪽으로 갔다. 루디는 으쓱해져서 말했다.

"윈필드, 나는 벌써 갔다왔어. 그 안에다 오줌도 눴는걸."

둘은 위생실 안으로 들어갔다. 변기는 희고 반들거렸다. 다른 쪽 벽에는 세면대가 있었고, 다른 칸에는 샤워 칸막이가 있었다.

루디가 말했다.

"잘 봐! 저게 변기야."

두 아이는 변기 쪽으로 다가갔다. 루디는 치맛자락을 치켜든 다음, 오줌을 누었다. 그러자 변기 속에서 졸졸 물소리가 났다. 윈필드는 얼떨떨해져서 변기의 배수 꼭지를 비틀었다. 그랬더니 좌악 하고 물소리가 났다. 루디는 벌떡 일어났다. 두 아이는 변기를 바라보았다.

"윈필드, 네가 망가뜨렸어."

"난 안 그랬어. 내가 한 게 아니야."

"내가 다 봤어. 너 때문에 고장 난 거라고."

윈필드는 고개를 떨어뜨렸다.

두 아이는 건물을 나와 텐트로 갔다. 조드 네 텐트 앞에서 어머니가 근심 어린 표정으로 서 있었다.

"얘들아, 어딜 갔었니? 걱정했잖아. 그런데 톰은 어디 갔지?"

루디가 말했다.

"응, 오빠는 말이지. 일하러 갔어. 일거리가 생겼대."

그리고는 곧 화제를 바꾸었다.

"엄마, 저기 변기가 있어. 하얀 변기야."

"너 거기 갔었구나?"

"응, 윈필드랑 같이. 그런데, 엄마. 윈필드가 변기를 망가뜨렸어."

"뭘 어떻게 했는데? 어디, 내가 가서 봐야겠다."

어머니는 뒷걸음을 치는 아이들을 데리고 위생실로 갔다.

"저게 쏴아 하고 소리를 냈어. 근데 지금은 소리가 안 나네."

"윈필드, 어떻게 했는지 다시 한 번 해 봐!"

"여길 쬐금 만졌는데, 그랬는데……."

그러자 또 물이 나왔다. 윈필드는 놀라서 뒤로 물러났다. 어머니는 고개를 젖히고 웃으며 말했다.

"이건 원래 그렇게 하는 거야. 오줌을 누고 물을 내리는 거야."

어머니는 위생실을 자세히 둘러보았다. 꼭지를 틀어 보니 더운물이 나왔다. 어머니는 그 따뜻한 물로 손을 씻고 얼굴을 씻었다. 그 때 나이가 든 남자의 목소리가 났다. 그는 고약하다는 표정으로 어머니를 바라보며 말했다.

"아주머니, 여긴 신사용이오. 숙녀용은 저기요."

하고 말했다.

"어머나, 제가 글자를 못 봤어요."

어머니는 부끄러워하며 말했다.

"어제 여기 도착한 모양이군요. 위원회 사람이 곧 댁을 찾아갈 거요. 또 부인 위원회에서도 당신을 찾아갈 거고."

"고맙습니다."

하고 어머니는 그 곳을 나와 텐트로 돌아왔다.

"여보, 여보! 어서 일어나세요. 앨, 너도 일어나 세수해야지. 위원회에서 온대요. 그러니 얼른 서두르세요. 톰은 벌써 일하러 나갔대요."

남자들이 위생실로 간 사이, 어머니는 음식 준비를 했다. 장작더미를 만들어 불을 지피고, 그 위에 냄비를 올려놓았다. 샤론의 장미가 텐트에서 기어나왔다. 머리는 헝클어지고, 옷차림도 엉망이었다.

"너도 얼른 가서 씻고 와. 빨아 놓은 옷 있지?"

샤론의 장미가 시무룩하게 말했다.

"어머니, 난 기분이 안 좋아요. 코니가 떠나고 없으니까, 아무것도 하기 싫어요."

"로저샨, 정신 차려! 곧 부인 위원회에서 온단다. 손님이 왔을 때 식구들이 지저분하게 있는 건 예의가 아니야."

"엄마, 나 토할 거 같아요."

"임신을 하면 누구나 다 그래. 얼른 가서 토해 버려. 그리고 몸단장 좀 해라."

어머니는 옥수수 반죽을 해서 빵을 만들기 시작했다. 커피가 끓기 시작하자, 그윽한 향기가 났다. 위생실에서 돌아온 아버지가 어머니에게 물었다.

"톰이 일하러 갔다고?"

"그런가 봐요. 그건 그렇고, 당신이 루디와 윈필드를 좀 씻겨 주세요. 시간이 없으니까요."

아버지는 아이들을 위생실로 데리고 갔다. 어머니가 프라이팬에서 구워진 옥수수빵을 꺼내고 두 번째 반죽을 국자로 떠놓고 있을 때, 누군가가 찾아왔다. 하얀 옷 차람의 키가 작은 남자였다. 그는 어머니에게 미소지으며 말했다.

"안녕하십니까? 조드 부인이시죠?"

"네."

"전, 짐 로울리라고 합니다. 이 캠프의 관리인이지요. 뭐, 도와 드릴 일이 없나 해서 들렀습니다. 어디 불편한 점은 없나요?"

"아뇨, 없어요. 여긴 너무 좋아요."

그는 코를 벌름거리며 말했다.

"냄새가 좋군요."

어머니는 생긋 웃으며 말했다.

"향기가 좋지요? 우리랑 함께 드세요. 그다지 맛있는 것은 없지만."

"그럼 커피나 한 잔 얻어 마실까요? 향기가 너무 좋아서 말입니다."

어머니는 주전자를 내린 다음, 커피를 양철 컵에 가득 따랐다.

"부인네들이 조금 있으면 이 곳에 올 겁니다."

그는 커피를 다 마시고 일어서며 말했다.

"커피 잘 마셨습니다. 저는 또 갈 데가 있어요. 뭐, 곤란한 일이 있으면 사무실로 오세요."

아버지가 아이들을 데리고 왔다. 두 아이 모두가 반들반들해졌다. 아버지가 말했다.

"톰이 어디서 일자리를 얻었는지 궁금하군."

그 때 앨이 흥분하여 들어오며 외쳤다.

"정말 근사한 곳이야!"

"앨, 아침 먹으면 큰아버지하고 셋이서 트럭을 타고 일자리를 찾아보자."

아버지가 말했다.

"알았어요, 아버지. 나는 자동차 수리공장에서 일했으면 좋겠어요. 돈을 벌면 중고 포드 한 대를 사는 거예요."

큰아버지가 화장실에서 느릿느릿 걸어 나왔다. 몹시 지치고 피곤한 얼굴이었다.

"큰아버지, 텐트로 가서 쉬세요. 병이 났나 봐요."

"아니, 나는 죄를 지었어. 난 벌을 받아야만 해."

큰아버지는 슬픈 얼굴로 자리에 앉더니, 자기 컵에 커피를 따랐다. 아버지가 큰아버지에게 물었다.

"형님도 일자리를 찾으러 같이 나가지 않을래요?"

"그래, 가야지."

세 사람은 트럭을 타고 거리로 나갔다. 어머니는 멍하니 그들의 모습을 바라보았다. 그 때 샤론의 장미가 돌아왔다.

"네 것은 접시에 담아 놓았어."

"난 이제 날마다 목욕할 거예요. 더운물이 나오니까요. 그런데 어떤 아주머니가 그러는데, 여기에는 매주 한 번씩 간호사가 온대요. 그 간호사에게 물으면 아기를 튼튼하게 기르는 법을 가르쳐 준대요."

어머니는 말없이 양철 접시를 닦았다. 그리고는 마지막 접시를 치우고 말했다.

"애야, 부인 위원회에서 오면 나는 위생실에 갔다가 곧 온다고 해라."

어머니가 나가자, 샤론의 장미는 궤짝 위에 걸터앉았다. 길 저쪽에서 작고 뚱뚱한 여자가 빨랫감을 들고, 세탁장을 향해 걸어오다가 샤론의 장미가 배를 어루만지고 있는 것을 보았다.

"아들인가요?"

"모르겠어요."

여자는 빨래바구니를 땅에 내려놓았다.

"여기 방금 왔나요?"

"어젯밤 늦게 도착했어요."

"일거리는 얻었나요?"

"아직요. 오빠만 아침 일찍 일거리를 찾아 나갔어요."

"그래요? 운이 좋은가 보군. 하지만 그 운을 조심해야 해요. 행운 같은 건 믿을 수가 있어야지. 평범한 인간들에겐 딱 한 번밖에 행운이 찾아 오지 않아요. 당신은 부디 좋은 어머니가 되세요. 만약 죄를 지었다면, 아기를 조심해야 해요. 이 캠프에서는 매주 토요일 밤이면 모두 모여 춤을 추지요. 꼭 붙어서 춤을 추는 지저분한 인간도 있어."

"나도 춤을 추는 걸 좋아해요."

"그렇게 달라붙어 춤을 추는 인간들을 하느님은 용서하지 않아. 이봐요, 내가 미리 말하지만, 여기는 예수님을 진정으로 사랑하는 사람이 별로 없어요. 하지만 하느님은 늘 우릴 내려다보고 계시지. 벌써 두 사람이나 쫓겨났답니다."

"그게 정말인가요?"

"그래요, 나는 봤어요. 그 중에 한 사람은 꼭 당신같이 아기를 가진 여자였어요. 그 여자는 연극을 하고 껴안고 춤을 추었어요. 그러더니 나중에는 빼빼 마르고 가죽만 남아, 결국 죽은 아이를 낳고 자기도 죽고 말았지요."

샤론의 장미는 그 말에 새파랗게 질렸다. 여자는 빨래바구니를 다시 집어들었다.

"그러니 댁도 조심해요. 뱃속의 아기를 생각해서라도 부디 죄를 짓지 말아요."

그리고는 우쭐대며 걸어갔다. 샤론의 장미는 여자가 사라지는 것을 바라보다가 흐느껴 울기 시작했다. 그 때 부드러운 목소리가 들려왔다. 흰 옷을 입은, 몸집이 작은 관리인이었다.

"걱정하지 말아요."

"저 여자한테는 말하지 않았지만, 저도 고향에서 코니랑 춤을 추었어요. 그 여자는 껴안고 춤을 추면 유산하게 될 거라고 했어요."

"걱정하지 말아요. 그 여자는 좋은 사람이긴 한데, 사람들을 불행하게 만든답니다."

"여기서 어떤 여자가 죽은 아기를 낳았대요. 춤을 추고 죄를 지어서 그런 거래요."

"그건 나도 알아요. 하지만 두 사람이 죽은 건 배가 너무 고프고 지쳐서 그런 겁니다. 그 사람은 병자인데다가 일도 너무 많이 했어요. 죄 때문에 그런 게 아니니까 걱정하지 말아요. 저 여자는 소란 피우기를 좋아하는 여자니까."

그리고 그는 가 버렸다. 잠시 후 어머니가 돌아왔다.

"얘, 아직 부인 위원회에서 사람들이 안 왔니?"

"네."

"그런데 너는 아직도 텐트 안을 치우지 않았구나. 그 빗자루로 바닥을 좀 쓸어라."

샤론의 장미는 내키지 않았지만, 어머니가 시키는 대로 했다.

"어머니, 코니가 돌아올까요?"

"글쎄, 모르겠구나."

"어머니, 혹시 거기서 불이 났을 때, 코니가 죽은 게 아닐까요?"

"코니는 안 죽는다. 토끼처럼 재빠르고, 여우처럼 약은 사람이니까."

"어머니, 코니가 돌아왔으면 좋겠어요."

"누구든 올 때가 되면 온다."

"어머니, 저어……. 춤추고 연극을 하면 아이가 유산되나요?"

"너, 지금 무슨 소리를 하는 거니?"

"지나가던 여자가 그랬어요."

"로저샨, 너 자신을 괴롭히지 말아. 네게 무슨 일이 일어났는지 모르지만 이 집에는 너만 있는 게 아냐."

"하지만 어머니……."

그 때 부인 위원회 사람들이 도착했다. 좋은 옷을 입고 곱게 치장을 한 여자 세 사람이었다. 부인들은 어머니를 데리고 다니며 그 곳의 규칙들에 대해 알려 주었다.

트럭은 복숭아밭을 지나고, 연한 초록색 송이가 매달린 포도원을 지나, 호두나무가 늘어선 거리를 달렸다. 농장이 나타날 때마다 앨은 속력을 늦추었지만, 입구에는 어김없이 '일손 필요 없음, 들어오지 말 것'이라는 팻말이 붙어 있었다.

"그래도 한 번 들어가 보자. 정말 일이 있는지 없는지 물어 볼 수는 있으니까."

아버지가 말했다. 마침 푸른 작업복을 입은 남자가 길을 걸어가고 있어서, 앨이 그 사람에게 일자리가 있는지 물어 보았다. 남자는 길음을 멈추고 싱긋 웃으며 말했다.

"없소. 나는 벌써 일주일째 이렇게 돌아다니고 있지만, 아직도 일자리를 구하지 못했소."

"저 국영 캠프에 있나요?"

"그렇소."

"그럼 타세요. 같이 한 번 찾아봅시다."

남자는 고맙다고 인사하고 트럭에 올라탔다. 아버지가 어두운 표정으로 말했다.

"내 생각엔 일자리를 얻을 수 있을 것 같지 않구나."

큰아버지가 혼잣말처럼 중얼거렸다.

"나는 어쩐지 목사를 다시 만날 것만 같아."

앨은 트럭을 세운 다음 이렇게 말했다.

"일단 캠프로 가서 어디 일이 있는지 알아보는 게 좋겠어요. 가솔린만 태워 봤자 소용이 없으니."

앨이 차를 돌리자, 아버지가 말했다.

"네 엄마가 무척 속상해하겠다. 톰은 쉽게 일을 찾았는데⋯⋯."

그들은 잠자코 캠프를 향해 차를 몰았다.

위원들과 헤어져 돌아온 어머니는 궤짝에 걸터앉은 딸을 바라보았다.

"애야, 이렇게 기운이 나기는 정말 오래간만이다. 남자들이 어서 일자리를 잡으면 좋겠다. 형편이 나아지면 제일 먼저 난로를 사야지. 그 다음엔 텐트를 사는 거야. 그리고 토요일 밤에는 댄스 파티에 가자."

샤론의 장미가 한길 저쪽을 내다보며 말했다.

"춤을 추면 유산할 거라고 하던 그 여자가 오고 있어요. 어머니, 저 사람 여기 못 오게 해요."

어머니는 고개를 들고 그 여자를 쳐다보았다.

"안녕하세요!"

하고 여자가 큰 소리로 인사했다.

"나는 리즈베드 샌드리예요. 당신은 하느님의 은혜를 받고 있나요?"

"그럼요."

"그럼 구원을 받았나요?"

"네, 받았어요."

어머니는 심드렁하게 말했다.

"정말 기쁜 일이군요. 여긴 죄 지은 사람들이 얼마나 많은지 몰라요. 죄인들로 우글거리는 데가 바로 여기지요."

"죄인이라고요? 좋은 사람들이 얼마나 많은데요."

그러자 샌드리 부인은 눈이 휘둥그레졌다.

"말도 안 돼요. 춤추고 껴안고 하는 자들이 좋은 사람인가요? 우리는 절대 춤 같은 건 추지 않아요."

그러자 어머니의 얼굴이 붉어졌다.

"당장 나가요! 내가 죄인이 되기 전에 어서 나가라니까요!"

샌드리 부인은 뒤로 물러서며 말했다.

"당신의 저주받은 영혼이 내 눈에는 보여. 저기 있는 당신 딸의 뱃속에 든 아기가 불타고 있어."

어머니가 나무 막대기를 집어들었다.

"나가! 안 나가면 이걸로 때려 줄 거야. 두 번 다시 여기 나타나지 말아요!"

샌드리 부인은 뒷걸음치더니, 소리를 지르며 도망을 쳤다. 그러자 키 작은 관리인이 나와 무슨 일이 생겼는지 확인했다. 그는 어머니가 들고 있는 막대기를 보고 물었다.

"저 여자를 때리셨나요?"

"아뇨. 하지만 때릴 뻔했지요. 저 여자가 오늘 두 번이나 우리 딸에게 겁을 주었거든요."

"저 여자는 환자예요."

"하지만 또 딸아이를 괴롭힐까 봐 걱정이군요. 저 여자가 다시 오면 흠씬 두들겨패 줄지도 몰라요."

"그런 걱정 마세요. 저 여자는 새로 들어온 사람만 괴롭히니까요."

어머니는 텐트에 들어가 딸을 위로했다.

"아기가 불타고 있다고 했어요. 어머니, 정말로 그런 기분이 들어요."

"그 여자 말은 모두 다 헛소리야. 이제 그만 자거라. 편히 잠들 수 있을 거야."

"그런데 그 여자가 또 오면 어떡하죠?"

"내가 지키고 있을게. 넌 걱정 말고 한숨 자거라."

어머니는 비틀거리며 텐트 입구의 궤짝으로 가서 앉았다. 그녀는 멍하니 앞만 바라보았다. 그 때 한길에서 아버지가 걸어왔다.

"일거리를 구했나요?"

"찾아봤지만 없어."

어머니는 슬픈 듯이 말했다.

"여긴 정말 좋은 곳이에요. 오랫동안 여기 있었으면 좋겠는데……."

아버지는 어머니가 슬퍼하고 있다는 것을 알고, 그녀의 얼굴을 유심히 바라보았다.

"당신, 뭘 그리 걱정하오? 여기가 좋은 데라면서 말이야."

"정말 우습지요? 여기까지 오는 동안 나는 아무 생각도 하지 않았어요. 그런데 여기 와서 사람들이 잘해 주니까 제일 먼저 생각나는 게 뭔지 아세요? 바로 지난 날의 슬펐던 일들이에요. 아버님이 돌아가신 일, 노아가 떠나 버린 일, 어머니가 비참하게 돌아가신 일, 그런 게 너무 가슴이 아파요. 게다가 코니도 도망쳐 버렸고요. 나는 지금까지 그런 일들을 생각할 겨를이 없었는데, 여기 오니 그것들이 한꺼번에 떠올라요. 이렇게 좋은 곳으로 왔으니, 오히려 기뻐해야 할 텐데 말이에요."

13

토요일 오후가 되자, 온 캠프 안이 술렁거리기 시작했다. 3시부터 아이들의 목욕이 시작되었다. 넓은 야외 무도장에서는 위원회 위원들이 부지런히 일하고 있었다. 6시에는 샤워장 안이 일터에서 돌아온 남자들

로 붐볐다. 7시가 되자, 모두들 저녁식사를 끝내고, 나들이옷으로 갈아 입었다. 젊은 여자들은 드레스로 갈아입고, 머리를 땋아 리본을 달았다. 무대 위에서는 악단이 아이들에 둘러쌓인 채 연습을 하고 있었다.

위원장인 에즈라 휴스턴의 텐트에서는 다섯 명의 중앙위원이 모여 있었다. 휴스턴은 키가 크고 말랐다. 그는 각 위생반에서 한 사람씩 대표로 나온 위원들을 인솔하고 있었다.

"무도장을 습격한다는 음모를 알게 된 건 정말 운이 좋았소."

하고 휴스턴이 말했다. 제3위생반 대표인 조그만 사내가,

"놈들을 때려눕혀 따끔한 맛을 보여 줘야 해요."

하고 말하자 휴스턴은,

"아니오."

라고 말했다. 제2위생반의 어딘지 슬픈 얼굴을 하고 있는 젊은이가 말

했다.

"그것은 놈들이 바라던 바요. 만약에 놈들과의 싸움이 일어나면, 보안관이 쳐들어올 게 뻔하오."

"울타리 망을 볼 사람을 구했나?"

휴스턴이 물었다.

"네, 모두 합해 열두 명입니다. 누구든 다치게 해서는 안 된다고 말했습니다."

"자네 가서 윌리 이튼을 찾아오게. 분명히 그가 오락 위원회 위원장이지?"

"그렇습니다."

젊은이는 나가서 곧 비쩍 마른 남자를 데리고 왔다. 휴스턴이 물었다.

"오늘 밤의 일에 대해 들었소?"

윌리는 싱긋 웃으며 그렇다고 했다.

"무슨 대책을 강구했소?"

"그럼요."

"그게 어떤 대책이지?"

"오락 위원은 보통 다섯 명이지만 이번에는 스무 명입니다. 모두 씩씩하고 힘센 젊은이들이죠. 그 친구들에게 춤을 추면서 수상한 놈을 찾으라고 했습니다. 수상한 기미가 보이면, 옥신각신 입씨름이라도 하는 것처럼 해서 놈들을 둘러싸는 겁니다. 언뜻 보면 아무 일도 아닌 것처럼, 그저 밖으로 춤을 추며 나가는 것처럼 보일 겁니다."

"조심하세요. 놈들에게 상처를 입히면 안 돼요. 정문 가까이에 경찰이 있으니까요. 만약, 놈들이 피라도 흘리면 그 땐 경찰이 우리를 체포할 거요."

"걱정하지 마십시오."

"그럼 살 부탁하오. 어떤 사소한 일도 일으켜서는 안 돼요."

"알고 있어요."

윌리가 나가자 휴스턴은,

"도대체 경찰은 이 캠프를 먹어치우지 못해 안달이군. 우리를 왜 가만히 놔두지 않는 걸까?"

하고 말했다. 그러자 한 사람이 말했다.

"놈들은 이 국영 캠프를 미워해요. 왜 그런지 아시오? 우리끼리 여기서 잘 사니까, 처음부터 이 곳에서 살던 사람들을 위협할지도 모른다고 생각하는 거지."

어느 새 땅거미가 지고 있었다. 어둠이 짙어질수록 현악단의 연주 소리도 높아졌다. 이윽고 농장주와 그 가족, 다른 캠프에서 초대된 사람들의 차가 도착하기 시작했다. 손님들은 입구에서 하나하나 자기를 초대해 준 캠프 거주자의 이름을 댔다. 광신자들은 텐트 앞에서 이 광경을 지켜보며 험악한 표정으로 죄 지은 사람들을 찾고 있었다.

조드 네 텐트에서는 루디와 윈필드가 식사를 허둥지둥 하고 무도장으로 뛰어갔다. 두 아이는 무도장으로 달려가, 악단 둘레에 서 있는 아이들 틈을 비집고 들어갔다. 식사를 마친 앨과 톰은 수염을 깎는 데 30분도 더 걸렸다. 앨은 몸에 꼭 맞는 양복과 줄무늬 셔츠를 입었다. 앨은 부지런히 무도장으로 달려가 아가씨들을 물색했다. 그는 음악에 맞추어 어깨를 흔들며 건들건들 걸어갔다. 아버지는 큰아버지와 함께 관리인 집으로 갔다.

톰이 가게에서 산 빵 한 조각을 스튜 국물에 찍어 먹고 있을 때, 윌리 이튼이 다가와서 물었다.

"당신이 톰 조드지? 나는 오락 위원회 위원장이오. 좀 가서 도와줘야 겠소."

"물론 그래야죠."

"당신은 문가에 서 있다가 나중에 무도장으로 와요. 무도장으로 들어 오는 놈을 살펴보고 있다가 수상한 놈들은 미리 점찍어 둬요. 그리고 나중에는 함께 춤을 추면서 감시해 줘요."

톰은 윌리와 함께 나오며 어머니에게 인사를 했다.

"어머니, 그럼 저 먼저 가요. 나중에 무도회장에서 만나요."

두 젊은이는 정문 쪽으로 갔다.

아버지와 큰아버지는 사무실 현관 앞에서 몇 사람과 함께 앉아 있었다. 아버지가 말했다.

"오늘은 일자리를 구할 뻔했는데 몇 분 늦었어. 두 사람을 막 채용한 뒤였지. 그런데 뭔가 이상했어. 관리인이 하는 말이 '우리는 막 25센트짜리 일꾼을 채용했다. 물론 20센트라면 얼마든지 채용한다.' 하는 거였어."

그러자 검은 모자를 쓴 사나이가 말했다.

"놈들은 항상 그런 수를 써서 사람을 채용해. 한 시간에 20센트로는 처자식을 먹여 살릴 수 없어. 하지만 배고프면 거기라도 매달릴 수밖에 없어. 놈들은 일자리를 경매하고 있어요."

"그래도 우린 일을 하려고 했지. 그런데 거기 있는 사람들의 얼굴을 보니 무서워서 그만두었소."

아버지가 물었다.

"여보슈, 대관절 어떻게 하면 좋겠소? 이젠 돈도 다 떨어졌소. 나는 20센트짜리 일이라도 해야겠소."

그러자 검은 모자가 고개를 쳐들며 말했다.

"그것도 좋지! 어디, 그렇게 해 보라고. 그런데 나는 25센트짜리 일을 하오. 그러면 결국 당신은 20센트에 내 일을 빼앗는 셈이 되는 거요. 그러면 그 다음엔 내가 15센트에 다시 당신 일을 빼앗겠지."

"그래도 당신의 25센트 때문에 내가 굶어죽을 수는 없지 않소?"

"잘 모르겠소. 하루 종일 일하고도 나는 늘 배가 고프오."

톰은 문 앞에서 무도장으로 들어오는 사람들을 감시했다. 옆에 있던 윌리 이튼이 말했다.

"눈을 크게 뜨고 잘 봐요. 내가 지금, 줄 비텔라를 보내 줄게요. 그놈은 인디언의 피가 섞여 있다오."

톰은 농장주의 가족이 들어오는 것을 보았다. 잠시 후 줄이 와서 톰 옆에 섰다.

"당신은 반쯤 인디언이라죠? 아냐, 완전한 인디언 같은데."

"차라리 완전한 인디언이었으면 좋겠소. 그러면 인디언 지정보호구역에서 토지를 얻을 수도 있거든."

손님들이 마구 쏟아져 들어왔다. 줄이 말했다.

"사람들은 여기서 열리는 댄스 파티를 아주 좋아해요. 내가 일하던 농장의 주인도 자주 이 곳에 춤추러 왔었죠. 물론 내가 초대했지만요. 그 사람이 그러는데, 이 일대에서는 이 댄스 파티가 최고래요."

그 때 젊은 남자 세 사람이 들어섰다. 노동자들이었다. 그들은 꼭 붙어서 들어오고 있었다.

"저놈들을 잘 봐요."

줄은 감시인들에게로 갔다.

"저 세 사람을 초대한 사람은 누구죠?"

"잭슨이라던데."

줄은 다시 톰에게 다가왔다.

"저놈들이 바로 소동을 일으킬 놈들 같아요. 윌리에게 가서 잭슨이 저놈들을 초대했는지 알아봐요. 나는 여기 있을 테니."

톰은 세 남자를 따라갔다. 세 사람은 무도장 구석 쪽으로 가서 자리를 잡았다. 톰은 윌리를 찾아가서 말했다.

"저 세 사람이 수상해요. 잭슨이라는 사람이 초대했대요."

그러자 윌리는 휴스턴을 찾아가서 말했다.

"잭슨을 불러다 저 녀석들을 초대했는지 조사해 보세요."

휴스턴은 얼른 돌아서서 잭슨을 데리고 왔다.

"이봐, 잭슨! 저놈들 보이지? 저 사람들 자네가 불렀나?"

"아니오. 전에 어디선가 한 번 본 적이 있는 것 같아요. 맞아요. 같이 일한 적이 있어요."

"음, 그래서 자네 이름을 아는군. 좋아, 알겠네."

휴스턴은 톰에게 말했다.

"틀림없이 저놈들이야."

그 때 열여섯 살쯤 되어 보이는 소년이 군중 속으로 달려왔다. 그는 숨을 헐떡이며 말했다.

"휴스턴 아저씨, 여섯 사람을 태운 차가 유칼리 나무 곁에 서 있어요. 그리고 다른 한 대에는 네 사람이 타고 있는데, 북쪽 길가에 서 있어요. 그놈들은 모두 권총을 찼어요."

휴스턴의 눈이 무섭게 번득였다.

"윌리, 준비는 다 됐겠지?"

"그럼요."

"하지만 절대 부상은 입히지 말게. 명심하게나! 나는 내 텐트에 가 있겠네."

춤은 아직 시작되지 않았다. 이윽고 윌리가 단상에 올라가 소리쳤다.

"여러분, 이제 상대를 고르십시오!"

청년들은 신이 나서 파트너를 찾으러 다녔다. 멀리서 광신자들이 비난하는 이들을 쳐다보고 있었다. 어머니와 샤론의 장미는 벤치에 앉아 그 장면을 구경했다. 지휘자가 무도장 중앙으로 나와 손을 높이 쳐들고 외쳤다.

"준비 됐습니까? 자아, 그럼 시작합니다!"

음악이 경쾌하게 연주되기 시작했다. 음악에 따라 사람들이 짝을 지어 움직이기 시작했다. 그들은 앞으로 나갔다 뒤로 물러났다 하면서, 상대편 여자들을 빙빙 돌리며 춤을 추었다. 신나게 춤을 추느라 아가씨들의 머리는 조금씩 헝클어졌다. 남자들의 이마엔 땀방울이 송글송글 맺혔다. 멀리서 광신자들이 자기 아이들을 감시하고 있었다.

"저 사람들은 지금 죄를 짓고 있어. 하느님을 믿는 사람들은 저런 것을 보면 안 돼."

지휘자가 노래하듯이 말했다.

"자, 이제 잠시 쉬었다가 다시 한 번!"

음악이 그쳤다. 사람들은 일제히 숨을 몰아쉬고, 손으로 부채질을 하며 자기 자리로 돌아갔다. 기타가 조용히 연주되고 있었다. 잠시 후 윌리가 소리를 질렀다.

"여러분, 괜찮으시다면, 한 번 더 짝을 바꿔 주십시오!"

사람들은 일어서서 새로운 상대를 찾았다. 톰은 세 남자 곁을 떠나지 않았다. 그들은 사람들을 밀어젖히고 무도장으로 올라가서, 막 춤을 추려는 한 쌍의 남녀에게 다가갔다. 톰이 윌리에게 손을 흔들자, 윌리가 바이올린 연주자에게 뭐라고 소곤거렸다. 그러자 바이올린 연주자는 끼익끼익 하고 활로 줄을 울렸다. 스무 명의 젊은이들이 천천히 무도장을 가로질러 왔다. 세 남자 중 한 사람이 말했다.

"나는 이 아가씨와 춤을 추고 싶어."

그러자 다른 남자가,

"이 아가씨는 내 상대야."

라고 말했다.

"뭐라고? 이 코흘리개가!"

저만큼 어둠 속에서 호각 소리가 울렸다. 세 남자는 포위되었다. 여러 사람이 한꺼번에 달려들어 그들을 붙잡았다. 윌리가 소리쳤다.

"자, 다시 시작합시다!"

음악이 울려 퍼지고 있었다. 그 때 자동차 한 대가 캠프 입구에 들이닥쳤다.

"문 열어! 여기서 소동이 일어났다는 보고가 있었다."

문지기는 그 자리에서 물러나지 않았다.

"소동이라니요? 저 악대 소리 안 들려요? 당신들은 대체 누구요?"

"우리는 보안관 대리요."

"영장이 있소?"

"소동이 일어나면 영장은 필요 없소."

"그런데 여긴 소동이 일어나지 않았는데요."

차에 탄 남자들은 무도회장을 살폈다. 하지만 아무런 낌새를 발견하지 못하자, 그들은 곧 되돌아갔다.

움직이는 사람들 속에서 세 남자는 꼼짝도 못했다. 사람들은 그들을 컴컴한 곳으로 데리고 갔다. 이윽고 휴스턴이 어둠 속에서 나타났다.

"얼굴 좀 보자. 뭣 때문에 그랬나?"

아무도 대답이 없었다.

"자네들, 누가 이런 짓을 하라고 시켰나?"

"우린 아무것도 하지 않았어요. 그저 춤만 추라고 했어요."

"너희들은 그 젊은애를 때리려고 했잖아?"

하고 줄이 말했다.

"휴스턴 씨, 이놈들이 막 움직이기 시작했을 때, 누군가가 호각을 불던데요."

톰이 말했다.

"나도 알아. 그러더니 경찰이 입구에 들이닥쳤지."

휴스턴은 다시 세 남자를 보았다.

"우린 자네들을 해치지 않아. 대체 누가 자네들을 여기에 보냈나? 무슨 목적으로 여기에 왔지?"

"제기랄! 누구나 먹고살아야 하잖아요. 우린 절대로 말하지 않을 테니까, 당신들 맘대로 해요."

"좋아, 하지만 잘 들어. 우린 자네 같은 인간들에게 칼을 들이대진 않아. 우리는 서로 질서를 지키며 살아가려고 해. 자네들이 그걸 망가뜨려선 안 된다고. 이건 자네들 자신을 해치는 일이니까. 자, 이제 그만 이놈들을 밖으로 끌어내. 대신 때리지는 마. 이자들은 자기들이 하는 짓이 뭔지도 모르고 있어."

그러자 줄이 말했다.

"딱 한 번만 이놈들을 걷어차 주면 안 될까요?"

"그건 안 돼!"

하고 윌리가 단호하게 말했다. 세 남자는 울타리를 넘어 어둠 속으로 사라져 갔다. 나머지 사람들은 다시 무도장으로 돌아갔다. 음악이 드높게 흘러나오고 있었다.

14

어느 날 저녁, 조드 네 식구들이 막 식사를 끝낸 참이었다. 어머니는 접시를 씻다가 조금 망설이며 말했다.

"이젠 어떻게든 방법을 찾아야 해요. 저 안색 좀 봐요."

어머니는 윈필드를 가리켰다.

"윈필드는 자면서 몸을 뒤틀어요. 우리가 여기 온 지도 벌써 한 달이 지났어요. 톰이 닷새 동안 일했지만, 다른 사람은 아무런 일자리도 얻지 못했어요. 로저샨의 해산도 얼마 남지 않았고요. 기름은 이틀치, 그리고 감자는 열 개밖에 없어요. 어떻게 해야 할지 다들 생각 좀 해 봐요."

모두들 땅만 내려다보고 있는 가운데 아버지가 조용히 입을 열었다.

"우리도 열심히 찾아봤어. 가솔린이 떨어져 계속 걸어다니면서 말이야. 하지만 우리가 할 수 있는 일은 없었어. 다시 후버빌 같은 곳에서 살게 될까 걱정이야."

"그래야 한다면 그래야지요. 무엇보다 우리는 먹고살아야 하니까요." 앨이 끼어들었다.

"나는 트럭에 한 탱크의 가솔린을 남겨 두었어요. 그것만은 손대지 않았어요."

"어서 결정을 내려요." 하고 어머니가 말했다.

"식구들이 굶어죽는 꼴을 보고만 있을 수는 없어요."

"여긴 더운물이 나오고, 화장실도……."

"하지만 그걸로 끼니를 때울 수는 없어요." 어머니가 소리를 지르자, 큰아버지가 말했다.

"듣자니, 북쪽에는 목화를 딸 시기라더라."

"어쨌든 여길 떠나야 해요. 더 이상 한가하게 앉아 있을 순 없어요." 어머니는 물통을 집어들고 위생실 쪽으로 나갔다.

"어머니가 무척 거칠어지셨어요. 요즘은 화도 잘 내고요." 하고 톰이 말했다. 하지만 아버지는 오히려 마음이 놓이는 듯했다.

"아무튼 너희 어머니 덕분에 일은 더 분명해졌어." 어머니가 물통을 들고 들어오며 아버지에게 물었다.

"그래, 뭘 좀 생각했나요?"

"지금 생각하고 있소. 북쪽에 있는 목화 농장으로 갈까 생각 중이오. 짐을 꾸려 북으로 간다면, 목화를 딸 때쯤이면 도착할 수 있을 거요. 앨, 가솔린 한 탱크가 분명히 있다고 했지?"

"네, 2인치만 더 넣으면 꽉 차요."

"그럼, 거기까지는 갈 수 있겠다. 당장 떠날 준비를 해야겠어요."

어머니의 말에 아버지가 툴툴거렸다.

"이거 아무래도 시대가 너무 변했어. 예전에는 남자가 명령을 했는데, 요즘은 여자가 명령을 해. 이제 슬슬 몽둥이를 꺼낼 때가 된 것 같아."

어머니는 미소를 지으며 말했다.

"어디, 그 몽둥이 들고 나와 보시죠. 먹을 것과 잠자리가 있을 때는, 그 몽둥이를 휘둘러도 상관 안 했지요. 하지만 지금은 당신이 할 일을 다 하지 못하고 있어요. 할 일을 다 한다면야 몽둥이를 휘두를 수도 있지요. 하지만 지금은 아니에요."

아버지는 얼이 빠져 허허 웃고는 씁쓰레한 표정으로 밖으로 나갔다. 어머니는 두 사람이 나가는 것을 보고 톰에게 자랑스럽게 말했다.

"아버지는 문제없다. 아직도 지지 않아."

"그럼, 일부러 싸움을 거셨군요."

"그래. 남자들이란 걱정거리가 쌓여서 심란하면 그만 얼이 빠져 버린단다. 그럴 때 바짝 약을 올려 주면 정신을 차리는 법이란다."

앨이 일어섰다.

"산책 좀 하고 올게요."

하고 말하고는 앨은 건들건들 텐트 사이를 걸어갔다. 톰은 한숨을 내쉬었다.

"나는 지쳤어요, 어머니! 이번에는 나를 좀 화나게 해 주세요."

"톰, 그럴 수는 없어. 나는 너에게 의지하고 있으니까."

톰은 무거운 짐이 자신의 어깨에 지워진 것을 알았다.

"난 싫어요, 어머니. 나도 앨처럼 밖을 나다니고 싶어요. 아버지처럼 화도 내고 싶고, 큰아버지처럼 취하고도 싶다고요."

어머니는 머리를 저었다

"너는 그렇게 못한다, 톰. 나는 너를 잘 알아. 너에게는 우리 가족 전체의 장래가 달렸어."

"어머니, 그런 말씀 마세요. 그런 얘긴 모두 어머니가 머릿속에서 만들어 낸 상상일 뿐이에요."

"그럴지도 모르지. 나 혼자 만들어 낸 생각인지도."

샤론의 장미가 힘없이 말했다.

"코니가 떠나지 않았다면, 우리는 지금쯤 조그만 집을 가질 수도 있고, 우유도 실컷 마셨을 텐데. 난 어쩐지 아기가 튼튼하게 태어나지 못할 것 같은 생각이 들어요."

"아기를 갖고 그러지 마라. 그리고 그런 불길한 생각은 하지도 말아."

어머니는 울부짖는 샤론의 장미가 불쌍해서 어깨를 다독거려 주었다.

톰과 윌리와 줄은 무도장 마루 끝에 걸터앉아 서로 이야기를 나누고 있었다.

"자네가 떠난다니 슬퍼."

윌리가 말했다. 톰은 담배에 불을 붙이며 대꾸했다.

"나도 많이 생각했어. 여기서 살고 싶었는데……."

그러자 줄이 말했다.

"세상은 생각대로 되지 않아."

"난 다시 후버빌로 가고 싶지 않아."

톰이 말했다.

"보안관 대리들이 귀찮게 해서?"

"아냐, 난 누굴 죽이게 될 것 같아서 겁이 나. 잠깐 동안 거기 있었는데, 참을 수 없는 일들뿐이었지. 보안관 대리놈이 와서 내 친구를 끌고 갔어. 그냥 거칠게 말대답을 좀 했을 뿐인데."

"자네, 혹시 파업을 해 본 적이 있나?"

"아니."

"나는 곰곰이 생각해 봤어. 어째서 보안관 대리놈들이 여기 들어와서 소동을 피우지 않는지. 이유가 뭔지 아나?"

"뭔데?"

"그건, 우리가 힘을 합쳐 하나로 뭉칠 수 있기 때문이야. 나는 이 곳에 온 지 이제 일 년이 되는데, 임금은 자꾸만 내려가고 있어. 이젠 일을 해도 식구를 먹여 살릴 수가 없어."

"나한테는 딸아이가 있어. 여기 처음 왔을 때, 그 아이는 무척 귀여웠는데 지금은 빼빼 말라 버렸어. 그 아이를 보면 나는 일을 저지를 것만 같아."

"뭘? 도둑질이라도 해서 감옥에 가겠다는 거야?"

"모르겠어."

"이젠 춤도 못 추게 생겼군. 이 곳을 떠나니 말야. 그럼, 나는 이제 갈게. 잘들 있게. 어디서든 다시 만나게 되겠지."

세 사람은 악수를 했다.

어머니가 가족들을 깨웠을 때 밖은 여전히 어두웠다.

"어서 일어나요. 떠나야 해요! 날이 밝았어요."

텐트 속에서 느릿한 움직임이 일어났다.

"커피가 떨어졌구나. 비스킷이 조금 있으니, 도로로 나가서 그걸 먹자. 자, 어서 트럭에 짐을 싣자. 어서 준비들 해."

잠시 후, 남자들은 텐트를 끌어올려 트럭에 짐을 실었다. 어머니는 딱딱한 비스킷을 내밀었다.

"자, 한 사람에 하나씩이야. 이것밖에 없어."

루디와 윈필드는 비스킷을 집어들고 짐 위로 올라갔다. 둘은 한 장의 담요를 덮고, 딱딱한 비스킷을 쥔 채 다시 잠들었다. 톰은 운전석에 올라 정문 쪽으로 차를 몰았다. 트럭은 천천히 도로로 나갔다. 그들은 위드패치를 지나 99번 도로로 나섰다. 그리고 곧장 북으로 달렸다. 시의 변두리에 이르렀을 무렵, 날이 밝아왔다. 톰이 말했다.

"사방이 식당이군. 저긴 커피가 있겠지. 뜨거운 커피가 먹고 싶군. "

그러자 어머니가 말했다.

"톰, 내게 1달러 감춰 둔 게 있는데, 그렇게 커피가 마시고 싶으면 그걸 줄까?"

"아니에요. 농담이에요."

태양이 오른쪽에서 솟아올랐다. 트럭이 던지는 긴 그림자가 차 곁을 달리고, 길가의 긴 나무 울타리 위를 건너뛰었다. 그들은 새로 지은 후버빌을 지나갔다. 톰이 말했다.

"곧 겨울이 닥쳐 올 텐데……. 그 때까지는 어떻게 해서든 돈을 벌어야 해요."

어머니는 한숨을 쉬고는, 고개를 똑바로 쳐들었다.

"톰, 겨울에는 우리도 집을 마련해야 해. 특히 이 근방에는 비가 많이 온다더라. 그저 비를 피할 수 있는 지붕만 있으면 된다. 아이들이 땅바닥에서 자지만 않으면 돼."

"어머니, 어떻게든 해 볼게요."

오가는 차들이 국도를 윙윙 지나갔다. 톰이 타이어에 바람을 넣고 있을 때, 로드스터 한 대가 북쪽에서 달려와 도로 맞은편에 섰다. 신사복을 입은 사내가 차에서 내려 트럭 쪽으로 걸어왔다.

"안녕하시오."

하고 그는 쾌활하게 인사를 했다. 톰은 남자를 보았다.

"당신들은 일을 찾고 있소? 혹시 복숭아를 딸 줄 아오?"

"아직 해 보진 않았지만 우린 뭐든 할 수 있습니다."

"여기서 64킬로미터쯤 북쪽으로 가면 일을 구할 수 있을 거요."

"꼭 일을 했으면 좋겠습니다. 어디인지 가르쳐 주시면 금방 달려가겠습니다."

남자는 일을 할 수 있는 곳을 가르쳐 주었다.

"당신들말고 또 일거리를 찾는 사람들이 어디 있는지 아시오?"

"물론이지요. 저 위드패치 캠프에 많아요."

"고맙소. 꼭 후퍼 농장을 찾길 바라오."

남자는 다시 차를 타고 남쪽으로 사라져 갔다.

이번에는 앨이 운전을 했다. 어머니는 흥분해서 말했다.

"남자 셋이서 일을 하면, 당장 외상을 주겠지? 그럼 제일 먼저 커피를 사야겠다. 네가 그렇게 마시고 싶어했잖니. 그리고 밀가루와 고기, 우유를 사야겠어. 아참! 비누도 사야지."

국도를 달리는 차량이 점점 많아졌다. 지금 한창 잎이 무성한 과수원과 포도원이 보였고, 메론 밭도 있었다. 트럭 앞좌석에서 어머니와 톰, 앨은 행복한 기분에 사로잡혀 있었다. 어머니가 말했다.

"복숭아를 따면, 집을 마련할 수 있을지도 모르겠구나. 집세도 두어 달 치를 수 있겠지. 아무튼 제일 먼저 집을 마련해야지."

그러자 앨이 말했다.

"난 저금을 하겠어요. 그리고 시내에 나가 자동차 수리 공장에서 일할 거예요. 난 매일 저녁마다 서부 영화를 볼 거예요."

태양이 중천에 솟아올랐다.

저만큼 앞에 몇 대의 자동차가 길을 막고 서 있었고, 흰색 오토바이도 한 대 보였다. 보안관 하나가 손을 흔들었다. 앨은 차를 세웠다.

"어딜 가는 길이오?"

"후퍼 농장이오."

"좋아. 여기서 잠깐 기다려요."

보안관은 길가로 걸어가서 앞에다 대고 소리를 질렀다.

"이봐, 한 대 더 왔어. 모두 여섯 대야. 이 사람들은 일단 들여보내자고."

톰이 외쳤다.

"이봐요. 무슨 일이 있었나요?"

"저쪽에서 좀 시끄러운 일이 생겼소. 걱정하지 마시오."

차들이 움직이기 시작했다. 조드 네 차가 맨 뒤였다. 톰은 왠지 불안한 기분이 들어 이렇게 중얼거렸다.

"무슨 일이 일어났는지 모르겠군."

갑자기 앞장선 오토바이가 길을 꺾어 자갈을 깐 진입로로 접어들었다. 톰은 사람들이 길가의 우묵한 곳에 서 있는 것을 보았다. 그들의 얼굴은 분노로 일그러져 있었다. 뚱뚱한 여자가 차 쪽으로 달려나왔으나, 오토바이가 그 여자를 가로막았다. 이윽고 높은 대문이 열리고, 여섯 대의 차가 안으로 들어갔다. 오토바이는 오던 길을 되돌아갔다. 길가에 있던 사람들의 아우성 소리가 들렸다. 두 남자가 자갈길 옆에 서 있었는데, 둘 다 총을 들고 있었다.

여섯 대의 차는 곧장 앞으로 갔다. 모퉁이를 돌아가니 복숭아 농장 캠프가 나왔다. 거기에는 50채 정도의 작고 네모난 오두막집이 있었다. 모두 출입문 하나에 창문이 하나씩 있었다. 여섯 대의 차가 멈추어 서

자, 두 명의 남자가 돌아다니며 물었다.

"일을 원하나요? 이름이랑, 가족이 몇 명인지 말하시오."

"조드요. 남자는 네 명, 여자는 둘, 아이 둘."

"자, 63호로 가시오. 임금은 상자당 5센트요. 나쁜 건 담지 마시오.
자, 가요."

앨은 63호 번호가 붙은 작은 집 앞에 차를 세웠다. 가족들은 어리둥
절한 표정으로 주변을 둘러보았다. 그 때 두 명의 보안관 대리가 다가
왔다. 그들은 식구들의 얼굴을 자세히 살펴보았다.

"이름은?"

"조드입니다. 그런데 저 사람들은 무슨 일로?"

"잘들 들어요. 우리는 당신들하고 말썽을 일으키고 싶지 않소. 당신
들은 자기 일만 열심히 하면 되는 거요. 그러면 아무 일도 일어나지
않을 거요."

두 사람은 재빨리 몸을 돌려 걸어갔다. 어머니는 문을 열고 집 안에
들어가 보았다. 방 하나에 녹슨 양철 난로가 하나 있었다. 방 안에는 땀
냄새와 식용유 냄새가 배어 있었다. 샤론의 장미가 어머니 곁으로 다가
섰다.

"우리는 여기서 살게 되나요?"

"그래, 쓸고 걸레질하면 괜찮을 거야. 여기는 비가 와도 샐 염려가 없
겠구나."

남자들이 트럭에서 짐을 내렸다. 그들의 얼굴에 언뜻 두려움의 그림
자가 스치고 지나갔다. 그 곳은 쥐죽은 듯이 조용했다. 한 여자가 길을
걸어갔지만, 그 여자는 조드 네 가족들을 쳐다보려고도 하지 않았다. 루
디와 윈필드 역시 불안해하며, 근처를 구경하러 가지도 않았다. 톰과 아
버지가 매트리스를 집 안으로 옮기고 있을 때 사무원이 나타났다.

"장부를 기입해야 하는데……. 몇 명이 일할 수 있소?"

"남자 넷이오. 일은 어려운가요?"

"복숭아를 따는 일이오. 한 상자에 5센트."

"아이들도 일할 수 있겠군요."

어머니가 문가에 서서 말했다.

"우린 아무것도 못 먹었는데, 혹시 품삯을 미리 받을 수는 없나요?"

"그건 안 돼요. 하지만 외상은 가능하오. 자, 일을 하려거든 나를 따라와요."

톰과 아버지, 앨과 큰아버지는 사무원과 같이 과수원으로 들어갔다. 그 곳에는 복숭아 나무가 많았다. 과일 따는 사람들이 분주히 복숭아를 따서 상자에 담고, 그 상자를 검사장으로 운반하고 있었다.

"조심해서 따요. 흠이 생기면 안 되니까."

조드 네 남자들은 통을 들고 과수원으로 들어갔다. 그들은 복숭아를 따서 통에 집어넣었다. 톰은 부지런히 일했다. 벌써 세 통을 담았다. 그는 상자를 들고 검사장으로 갔다. 검사원은 상자에 담은 복숭아를 들여다보고 몇 개 뒤집더니 말했다.

"이건 못 써요. 흠을 내면 안 된다고 했잖소. 통째로 상자에 넣었지? 이런, 하나도 통과시키지 못하겠군!"

"에이, 빌어먹을!"

톰은 시무룩해져서 다시 복숭아를 따러 식구들한테로 왔다.

"앨, 다 버려!"

"그게 무슨 소리야?"

"조심해서 따야 해. 통에 살짝 담아야 한다고."

식구들은 조심스럽게 복숭아를 따서 담았다. 그러나 상자는 좀처럼 차지 않았다. 톰은 다시 복숭아를 담은 상자를 검사장으로 들고 갔다.

"이건 5센트가 되나요?"

검사원은 복숭아를 헤쳐 보더니,

"이제 됐소."

하고 말하고는, 그 상자를 장부에 기입했다. 그들은 쉬지 않고 오후 내내 일했다. 루디와 윈필드가 왔다. 아이들은 쪼그리고 앉아서 아버지가 내려놓은 통에서 복숭아를 집어냈다. 톰은 가득 찬 상자를 몇 개나 검사장으로 운반했다. 모두 여덟 상자였다.

"이제 40센트야. 이 정도면 고기를 살 수 있겠지."

루디는,

"난 너무 지쳤어."

하고 투덜거렸다. 그 때 어머니가 왔다.

"일찍 오고 싶었는데, 로저샨이 머리가 아프다고 해서."

하고 말했다. 어머니는 민첩하게 움직였다. 해가 질 무렵, 조드 네는 스무 상자의 복숭아를 땄다. 톰은 스무 번째 상자를 검사장에 내려놓았다.

"드디어 1달러야."

톰은 전표를 받아 어머니에게 가지고 갔다.

"어머니, 어서 가서 먹을 걸 사야죠."

"그래, 넌 뭘 먹고 싶니?"

"고기, 빵하고 설탕이 든 커피를 넘치게 한 잔 마시고 싶어요."

그 때 루디가 우는소리를 했다.

"엄마, 너무 힘들어."

"그래, 어서 가자."

루디와 윈필드는 어머니를 따라 복숭아 밭을 나왔다.

"누나, 우린 날마다 이렇게 일해야 해?"

윈필드가 묻자, 어머니가 대답했다.

"너희들은 집안일을 돕고 있는 거야. 식구가 같이 일을 하면, 우리는 금방 좋은 집에서 살 수 있단다. 그러니까 너희들도 도와야 해."

"그래도 우린 너무 힘들어요."

"그래, 그럴 테지. 엄마도 힘드니까. 그럼 다른 일을 생각해 봐. 네가 학교에 들어가는 일 말야."

"난 학교 가기 싫어요. 누나도 가기 싫대. 학교엘 가면 애들이 우리보고 오우키라고 놀린대."

루디가 말했다.

"정말 학교엔 가기 싫어! 근데 엄마, 복숭아를 여섯 개나 먹었더니 배가 아파."

"이런, 설사하겠구나. 그 집에는 화장실도 없는데……."

식료품 가게에는 진열장도 없었다. 어머니가 식료품 가게로 들어갔을 때, 남자가 서 있었다.

"어서 오세요."

"1달러짜리 전표를 갖고 왔는데요."

"그럼 1달러치의 물품을 살 수 있어요."

"고기는 얼마죠?"

"1파운드에 20센트."

"너무 비싸요. 전에는 15센트 주고 샀는데."

"시내로 나가 고기를 사려면 가솔린이 들어가죠. 그걸 생각하면 비싸지도 않아요. 여기선 가솔린을 쓰지 않으니까."

어머니는 잠시 화난 표정으로 남자를 보았으나, 화를 누르며 말했다.

"할 수 없군요. 햄버그 고기 2파운드 주세요. 그리고 빵도 조금 주시고요."

"빵은 15센트입니다."

"그건 12센트였는데……."

"시내서는 물론 12센트죠. 하지만 여긴 15센트입니다."

"감자는요?"

"2킬로그램에 25센트."

그 순간 어머이의 얼굴이 사납게 돌변했다.

"너무하는군요. 시내는 싼데!"

"그럼 시내에 가서 사구료."

"당신이 여기 주인인가요?"

"아니오. 난 그저, 일을 하고 있을 뿐이오."

"그렇다면 손님에게 그렇게까지 할 필요는 없잖아요. 무슨 이득도 없을 텐데. 그런데 이 가게 주인은 누구죠?"

"후퍼 농장 회사입니다."

"회사가 값을 정하나요?"

"네, 아주머니."

어머니는 부드럽게 말했다.

"그렇게 건방지게 말하면 자기 자신이 부끄러워지지는 않나요? 그래서요, 고기가 40센트, 빵이 15센트, 감자가 25센트, 모두 50센트네요. 커피는요?"

"제일 싼 게 20센트죠."

"그럼 꼭 1달러군요."

남자는 봉투에 어머니가 장을 본 것들을 담았다. 어머니가 미소를 지으며 물었다.

"어째서 이런 일을 하시나요?"

"먹고살아야 하니까요."

그러더니 그는 덤벼들 듯이 말했다.

"사람이라면 누구나 먹고살아야 하잖아요?"

어머니는 장을 본 꾸러미를 집어들었다.

"저, 커피에 넣을 설탕이 없는데, 우리 아들은 설탕을 넣은 커피를 먹고 싶어해요. 설탕을 조금 주세요. 전표는 나중에 갖고 올게요."

"안 됩니다. 그렇게 하면 난 여기서 쫓겨나요."

"우리 식구가 지금 일하고 있어요. 벌써 10센트는 벌었을 거예요."

"그렇게는 못해요."

그는 잠시 아무 소리도 하지 않더니, 갑자기 자기 호주머니에서 10센트를 꺼내 금고에 떨어뜨렸다.

"이젠 됐어요."

그는 설탕을 꺼내 저울에 달았다. 그리고는 조금 더 보태 주었다.

"여기 있어요. 이제 괜찮을 거예요. 나중에 전표를 갖다 주세요."

"고맙습니다."

어머니는 문을 열고 나가려다, 고개를 돌려 남자에게 말했다.

"만약, 당신에게 어려운 일이 생기거나 도움이 필요할 때면, 가난한 사람들을 찾아가세요. 오직 그 사람들만이 당신을 도와줄 테니까요."

땅거미가 짙게 깔린 후에야 식구들은 일을 끝냈으나, 발걸음은 약간 무거워 보였다. 그들은 과수원에서 나왔다. 한길가에 경비원 하나가 우두커니 앉아 있었다. 그는 엽총을 무릎에 올려놓고 있었다. 경비원 앞을 지날 때 톰이 물었다.

"여기 더운물을 쓸 수 있는 곳이 있나요?"

"저 물탱크 보이나? 거기 가면 호스가 있어."

"더운물이 나오나요?"

"자넨 자기가 모건(미국의 유명한 부자)이라도 된다고 생각하는 모양

이지?"

옆에 있는 경비원도 말했다.

"아마 저놈들도 국영 캠프에서 왔을거야. 그 캠프를 없애든지 해야지. 하나를 해 주면 열을 원한다니까."

"이봐, 자네 정문 쪽에서 뭘 들었나?"

"놈들이 난리를 피워댔지만 경찰이 와서 진압을 했어. 키가 큰 놈이 주동자라지? 그놈을 오늘 저녁에 없애 버린다던데. 그놈만 없어지면 저까짓 놈들이야 다 뿔뿔이 흩어지고 말지."

조드 네 난로에서는 불이 훨훨 타오르고 있었다. 햄버거와 감자 익는 냄새가 구수하게 퍼졌다. 남자들이 들어왔다.

"야아, 고기다! 커피도 있고. 냄새 좋다! 아아, 시장해."

어머니는 접시를 꺼내 음식을 담기 시작했다. 한 사람 앞에 고기 두 덩어리와 감자 한 개, 빵 세 조각씩이었다. 식구들은 아무 말 없이 자기 앞에 놓인 음식을 허겁지겁 먹어치우고, 빵 조각으로 남은 국물을 찍어 먹었다.

식사를 마친 앨은 옷소매로 입을 문질렀다.

"어디, 근처나 한 바퀴 돌아다니다 올까?"

"그래, 같이 가자."

톰은 앨의 뒤를 따라 밖으로 나왔다. 그는 곧 동생과 헤어져 정문 쪽으로 걸어갔다. 그는 둑에 기어올라가 흐르는 물을 내려다보았다. 그리고 별들이 물에 잠겨 빛나는 것을 보았다. 저 앞에 국도가 있었다. 톰은 국도 쪽으로 걷기 시작했다. 그 때 사람 그림자가 움직였다.

"누구야? 어딜 가는 거야?"

"그저 산책 좀 하려고요."

"그렇다면 다른 길을 산책하는 게 좋을걸. 오늘 저녁은 안 돼. 그러니 어서 돌아가! 안 그러면 호각을 불어 자넬 체포하겠네."

"제기랄!"

"이건 당신을 위해서야. 피켓을 든 미친놈들이 당신을 붙잡을지도 모르니까."

"피켓이라뇨?"

"그 빨갱이놈들 말야. 들어올 때 못 봤나?"

"아, 들어올 때 몰려 있는 사람들을 봤지요. 난 무슨 사고가 난 줄 알았죠."

"자, 어서 돌아가는 게 좋을 거야."

톰은 오던 길을 다시 돌아가기 시작했다. 조용히 90미터 정도 걸어온 그는 걸음을 멈추고 귀를 기울였다. 너구리 울음소리가 수로 근처에서 들렸다. 톰은 천천히 도로 오른쪽으로 걸어가서 밭 속으로 들어갔다. 천천히 걸어가니 철조망 울타리가 나왔다. 그는 몸을 낮게 숙여서 울타리 밑을 지나갔다. 그 때 한 무리의 남자들이 국도를 걸어왔다. 톰은 그들의 뒤를 따라갔다. 개울이 밭을 가로질러 흐르고 있었다. 한 남자가 텐트 앞의 궤짝에 앉아 있었다.

"안녕하세요."

톰이 말했다.

"당신은 누구요?"

"나는 잠깐 여기를 지나가는 길인데……."

그러자 머리 하나가 텐트에서 내다보며 소리쳤다.

"이봐, 무슨 일이 있나?"

"아니, 케이시!"

하고 톰이 외쳤다.

"케이시! 정말 오랜만이에요. 그런데 여기서 뭘 하고 있어요?"

"야, 이거 톰 조드 아닌가? 들어와, 어서 들어오라고."

"뭐야, 아는 사람이야?"

하고 입구에 있던 남자가 물었다.

"나와 함께 서부에서 온 사람이야. 어서 들어와, 톰!"

텐트 안에는 세 남자가 앉아 있었다. 남자들은 톰을 의아한 눈으로 쳐다보았다. 얼굴이 검은 남자가,

"케이시에게 당신 이야기를 들었소."

하고 말했다.

"정말 놀라운 일이군. 그래, 가족들은 다들 어디 있나? 자네는 여기서 뭘 하고 있지?"

"일이 있다길래 우린 얼마 전에 여기로 왔어요. 오후 내내 복숭아를 땄죠. 그런데 많은 사람들이 아우성을 치는 것을 보았는데, 아무도 그걸 설명해 주지 않더군요. 그래서 무슨 일인지 알아보려고 나온 거예요. 케이시, 당신은 어떻게 여길 오게 되었나요?"

"감옥이란 참 묘한 곳이더군. 나는 언젠가 예수처럼 광야에 가서 뭔가를 찾으려고 한 적이 있었지. 거의 그걸 찾을 뻔했던 적도 있었어. 그런데 감옥에 갔더니 그게 바로 거기 있더군. 감옥은 늘 만원이었어. 그 안에는 간혹 주정뱅이도 있었지만, 대부분은 뭔가 훔치고 들어온 사람들이었어. 배가 고파서 훔친 거지. 하지만 모두 좋은 사람들이었어. 그들이 죄를 저지른 것은 가난 때문이야. 난 알게 되었어. 가난이 모든 말썽의 원인이라는 것을……. 그런데, 자네 여동생은 어떤가?"

"아마, 쌍둥이라도 낳을 모양이에요. 그런데 여기서 무슨 일이 있었나요?"

한 남자가 말했다.

"우린 파업을 했어요."

그러자 톰이 물었다.

"한 상자에 5센트라면 그럭저럭 먹고살 수는 있지 않나요?"

"뭐라고? 5센트라고. 당신들한테는 5센트를 주나?"

"그럼요. 5센트를 줬어요."

그러자 케이시가 말했다.

"우리도 놈들이 5센트를 준다고 해서 여기 왔어. 그런데 막상 오니까 2센트 반밖에 못 준다는 거야. 그걸로는 살 수가 없다고 항의했더니 놈들이 우릴 쫓아 냈어. 또 경찰이 우릴 사정없이 때리더군. 저 안에 들어가면 사람들에게 우리 이야기를 해 주게. 지금 자네들이 하는 짓은 우리를 굶어죽게 하는 거야. 결국 자기 자신의 등을 찌르는 일이라고. 그걸 가르쳐 주게."

"말해 보지요. 하지만 어떻게 말해야 할지 모르겠어요. 여기 사람들은 서로 인사도 안 하니까요. 또 놈들이 우리끼리 이야기하는 것을 그냥 내버려 둘지도 모르겠고요."

"아무튼 잘 말해 줘. 우리가 쫓겨나면 자네들도 금방 2센트 반으로 깎일 거야. 복숭아 일 톤을 따면 겨우 1달러를 버는데, 그 돈으로는 먹을 것도 사지 못해. 그 안에 있는 사람들도 파업에 동참하도록 자네가 힘써 보지 않겠나?"

"쉽지 않을걸요. 그 사람들은 지금 5센트를 받고 있으니까. 그러니 다른 것은 생각하지 않으려고 할걸요."

"하지만 우리가 파업을 해서 자네들이 5센트를 받고 있는 거야."

"글쎄요, 말은 꺼내 보겠지만 우리 아버지부터도 말을 안 들으실 거예요. 우리는 식량이 다 떨어졌어요. 식구들이 모두 일을 해서 겨우 저녁을 먹었죠. 아버지가 다른 사람들을 위해 자기 몫의 고기를 포기

할 것 같으세요? 로저샨은 우유를 먹어야 하고요. 우리 어머니가 저아우성치는 사람들 때문에, 자기 딸의 뱃속에 든 아기를 굶게 할 것 같으세요?"

케이시는 슬프게 말했다.

"내가 교도소에 있을 때 한 남자가 들어왔어. 그는 조합을 만든 사람이었지. 그런데 놈들이 그것을 박살내 버렸어. 결국은 그 친구가 도와주려던 사람들이 모두 그를 외면했다는 거야. '너는 위험한 인간이다.' 하면서 말이야. 톰, 나는 파업을 재미로 한 게 아니야. 그건 우리에게 있어 하지 않으면 안 되는 일이었어. 감옥에서 만난 그 친구는 말했어. 한 걸음 내디딜 때마다 조금씩 후퇴하는 경우도 있지만, 결코 후퇴하는 게 아니라고. 우리가 하는 일이 언뜻 보아 헛수고를 하는 것 같지만 결코 헛된 일이 아니야."

그 때 밖에 앉아 있던 사나이가 텐트 입구의 막을 열며 말했다

"빌어먹을! 이상한 기분이 들어."

그러자 텐트에 있던 야윈 남자가 밖으로 나갔다.

"먹구름이 엄청나게 몰려오는군."

케이시가 말했다.

"경찰은 나를 주동자로 지목하고 있어. 내가 앞에서 떠들어 대니까 말야."

야윈 남자가 텐트 안으로 얼굴을 디밀고 말했다.

"케이시, 밖으로 나와 봐. 뭔가 이상해."

케이시는 불을 끄고 더듬더듬 나갔다. 톰도 뒤따라 나갔다. 주위에선 개구리 소리가 요란하게 들렸다. 그 소리 뒤로, 둑 위에서 흙덩어리가 무너지는 듯한 소리가 났다. 케이시가 말했다.

"모두 신경이 예민해져서 그래. 나한테는 아무 소리도 안 들리는데.

자, 안심하라고."

그러자 톰이 말했다.

"아니에요. 나에겐 분명히 들려요. 사방에서 사람들이 밀려오는 소리 같아요. 아무래도 여길 나가는 게 좋겠어요."

야윈 남자가 속삭였다.

"다리 밑으로 도망치자고."

그들은 개울가를 따라 조용히 걸어갔다. 발이 미끄러져 개울에 빠지기도 했다. 다리 건너편으로 빠져 나간 다음에야 그들은 허리를 폈다. 그 때 날카로운 고함 소리가 들렸다.

"저기 있다!"

두 줄기 손전등 빛에 눈이 부셨다.

"움직이지 말아! 저놈이다. 저 대머리가 반들거리는 놈!"

케이시는 깊이 숨을 들이마시며 말했다.

"내 말 잘 들어 봐요. 당신들은 지금 자기들이 무슨 짓을 하고 있는지 몰라요. 당신들은 지금, 어린애들을 굶어죽게 만드는 일을 돕고 있는 거예요."

"입 닥쳐! 이 빨갱이!"

키가 작고 뚱뚱한 남자는 이렇게 말하고, 케이시를 향해 곡괭이 자루를 내리쳤다. 케이시는 옆으로 쓰러졌다. 어둠 속으로 케이시의 으깨진 머리통이 보였다. 톰은 그 모습을 보자, 뚱뚱한 남자를 향해 몸을 날렸다. 그런 다음 나무 몽둥이를 빼앗아 놈에게 일격을 가했다. 몽둥이가 남자의 머리를 직통으로 내리쳤다. 남자가 쓰러지자, 톰은 다시 그의 머리를 두 번, 세 번 몽둥이로 때렸다. 이윽고 고함치는 소리가 나고, 누군가가 숲을 헤치고 달려오는 소리가 들렸다. 그 때 곤봉이 톰의 머리를 내리쳤다. 톰은 두 손으로 머리를 감싼 채 달리기 시작했다. 사람들이 뒤따라왔다.

톰은 숲 속 깊숙이 숨어 들어갔다. 톰은 숲을 기어서 둑 위쪽으로 방향을 잡았다. 나무 울타리를 통과해 덤불 속으로 들어간 톰은, 거기에 드러누워 가쁜 숨을 몰아쉬었다. 얼굴을 만져 보았더니, 코가 터져서 피가 흘러내렸다. 그는 살금살금 수로 끝으로 가서 찬물로 얼굴을 씻었다. 톰은 물 속을 걸어서 맞은편 둑 위로 기어 올라갔다. 국도를 따라 수로를 뒤지는 손전등의 분주한 움직임이 보였다. 톰은 몹시 조심스럽게 집 쪽으로 갔다. 한 번은 경비원이,

"누구야?"

하고 소리쳤다. 톰은 재빨리 땅에 납작 엎드려 위기를 모면했다. 톰은 조용히 자기네 오두막으로 가서 문을 열고 들어갔다. 어머니는 아직 잠들어 있지 않았다.

"누구냐?"

"톰이에요."

"그래, 어서 자거라. 앨은 아직 안 왔다."

톰은 옷을 벗고 부들부들 떨면서, 담요 밑으로 기어 들어갔다. 찢어진 얼굴이 감각을 되찾아 욱신거리기 시작했다.

닭이 울었고, 차차 창문이 밝아왔다. 톰은 손가락으로 부은 눈을 만져 보았다. 어스름한 빛 속에 어머니가 몸을 일으켰다. 어머니는 한참 동안 창 밖을 내다보고 있었다. 아버지가 돌아눕더니 눈을 꿈뻑이며 어머니를 쳐다보았다. 어머니가 아버지에게 물었다.

"당신, 돈이 얼마나 있나요?"

"60센트짜리 전표가 있어."

"그럼 밀가루와 라드(고체 기름)를 좀 사오세요. 빨리요."

아버지는 하품을 한 번 하고는 기지개를 켜면서 나갔다. 잠이 깬 아이들은 담요 밑에서 생쥐처럼 눈을 깜박였다. 희끄무레한 빛이 방 안에 가득 찼다. 어머니의 시선이 톰에게로 옮겨 갔다. 톰의 얼굴은 시퍼렇게 부어 있었다.

"톰, 대체 무슨 일이니?"

"싸움에 휘말렸어요. 어쩔 수가 없었어요."

"그래, 일이 시끄러워질 것 같니?"

톰은 한참만에,

"네."

하고 대답했다.

"난 일하러 못 나가요. 숨어 있어야 해요."

동생들이 톰을 보았다.

"오빠, 왜 그래?"

"쉿! 아무한테도 이야기하면 안 된다."

아버지도 문을 열고 들어와서는 톰의 얼굴을 보고 놀라서 물었다.

"대관절 어떻게 된 거냐?"

톰은 어젯밤에 있었던 이야기를 해 주었다. 어머니가 말했다.

"그래, 넌 그 남자를 죽였니? 사람들이 네 얼굴을 보았어?"

"아마, 그럴 거예요."

어머니는 잠시 아무 말도 하지 않더니, 아버지를 보고 말했다.

"궤짝을 부숴 주세요. 아침을 지어야 하니까요. 다들 어서 일하러 나가요. 루디, 윈필드! 혹시 누가 묻거든 오빠는 몸이 아프다고 해라. 너희들이 입조심 하지 않으면 오빠는 감옥에 가야 해."

아버지는 궤짝을 부순 다음, 톰에게 갔다.

"케이시는 참 좋은 사람이었지. 그런데 왜 그런 소동의 주모자가 되었을까?"

"그 사람들도 한 상자에 5센트씩 받기로 하고 일하러 왔대요. 그런데 갑자기 품삯을 깎더래요. 그래서 파업을 한 거예요. 아, 어제 그 파업은 이미 진압되었을 거예요. 우리도 오늘부터 2센트 반으로 깎일지도 몰라요."

"나쁜 놈들!"

앨이 일어나 말했다.

"난 이제 어떻게 해야 할지 알아. 난 여기서 나가겠어."

톰이 말했다.

"안 돼, 앨! 우린 네가 필요해. 이 집에서 나가야 할 사람은 나야. 앨, 너는 트럭을 몰아야 해."

"싫어."

"싫어도 어쩔 수 없어. 너는 식구들을 도와야 해. 나는 식구들에게 위험한 존재니까."

톰은 매트리스에 누워 있는 샤론의 장미를 보았다.

"걱정하지 마. 오늘은 우유를 마실 수 있을 거야."

샤론의 장미는 아무 대답도 하지 않았다. 그 때 한길 쪽에서 자동차 소리가 났다. 아버지가 창으로 가서 밖을 내다보았다.

"새로 한 패가 들어오는 모양이다."

"이제 2센트 반이겠죠."

"그걸로는 아무리 부지런히 일해도 먹고살 수가 없다."

어머니가 말했다.

"오늘은 옥수수 가루를 사서 죽을 끓여 먹어야겠어요. 돈을 아껴서 가솔린 값을 모으면 곧 여기를 떠나요. 나는 톰을 혼자 내보내고 싶지 않아요."

"그건 안 돼요, 어머니. 나는 식구들에게 위험한 인물이에요."

"그렇지 않아, 톰! 자, 다들 어서 먹어요. 그리고 일하러 나가요. 나도 설거지가 끝나면 나가서 일할 거예요. 빨리 돈을 모아야 하니까."

식구들은 빵을 먹었다. 톰이 어머니에게 말했다.

"어머니, 나는 오늘 밤 떠나겠어요. 식구들에게 피해를 주고 싶지 않아요."

그러자 어머니는 화난 목소리로 말했다.

"톰! 나는 한 가지 분명한 사실을 알고 있어. 네가 떠나도 식구들은 편해지지 않아. 오히려 더 기가 죽고 말 거야. 그러니 제발 가지 마!"

"하지만 다른 방법이 없잖아요."

"잘 생각해 보면 뭔가 길이 있을 거야. 애, 너 잠을 못 잤나 보구나? 어서 자거라. 난 일을 하러 가야겠어. 로저샨, 누가 오거든 오빠는 아프다고 말해라. 아무도 들어오게 해서는 안 돼. 톰, 나랑 약속하자. 절대 안 간다고!"

"알았어요, 어머니. 여기 있을게요."

어머니가 밖으로 나갔다. 톰은 가만히 누워 샤론의 장미를 보았다. 샤론의 장미는 원망하는 눈빛으로 톰에게 말했다.

"오빠는 사람을 죽였지? 그 여자가 그랬어. 죄는 내 몸에 해롭다고. 그러니 난 병신을 낳을 거야."

샤론의 장미는 흥분한 목소리로 말했다.

"오빠는 그런데 또 사람을 죽였어. 그러니 내가 어떻게 건강한 아기를 낳을 수 있겠어?"

"조용히 해. 그렇게 큰 소리로 떠들면 사람들이 다 듣게 될 거야."

"상관 없어. 다신 내 옆에 오지 마. 사람을 둘씩이나 죽이고. 꼴도 보기 싫어!"

샤론의 장미는 담요를 뒤집어쓰고 흐느껴 울었다. 톰은 숨을 죽이고 샤론의 장미가 우는 소리를 들었다.

황혼이 깃들 무렵, 어머니가 집에 돌아왔다.
"낮에 누가 안 왔었니?"
"아뇨."
"아침에도 말했듯이 어서 여길 떠나자. 얘, 이 궤짝으로 땔감을 좀 만들어 주겠니? 난 죽을 쑤어 설탕을 좀 쳐서 먹어야겠다."
톰은 마지막 남은 궤짝을 부쉈다. 어머니는 난로에 불을 지핀 다음, 냄비에 물을 부어 그 위에 올려놓았다. 밖에서 우당탕 뛰어오는 소리가 나더니, 루디가 달려 들어왔다.
"엄마!"
하고 루디는 흥분해서 외쳤다.
"엄마, 윈필드가 기절했어."
"뭐라고? 윈필드는 지금 어딨니?"
"아마 지금쯤 집으로 오고 있을 거야. 복숭아를 너무 많이 먹어서 그런가 봐."
어머니는 루디와 함께 밖으로 나갔다. 어둠 속에서 세 남자가 윈필드를 안고 오고 있었다.
"아주머니, 아이한테 회충이 있나 봐요. 몸이 좀 약한 것 같군요."
어머니는 그들에게 고맙다고 인사하고, 윈필드를 집 안으로 안고 들어왔다. 윈필드는 멍하게 눈을 뜨더니 다시 눈을 감았다.
"엄마, 윈필드는 하루 종일 설사를 했어. 복숭아를 너무 많이 먹어서 그래."

아버지와 큰아버지, 앨이 돌아왔다. 그들은 나뭇가지를 팔에 가득 안고 있었다. 그들은 앓고 있는 윈필드를 보고 몹시 걱정했다.

"윈필드에게 우유를 좀 먹여야겠어요. 얼른 나가서 우유를 사다 주세요."

아버지는 걱정스러운 표정으로 우유를 사러 밖으로 나갔다.

잠시 후, 아버지가 우유 깡통을 하나 들고 왔다. 어머니는 진한 우유를 컵에 따라 톰에게 주며 말했다.

"이거 윈필드에게 줘라."

하지만 윈필드는 우유를 먹지 못했다.

"못 먹겠어. 토할 것 같아."

그러자 어머니는 우유를 창가에 두면서 말했다.

"아무도 건드리지 말아라. 이건 윈필드 거야."

샤론의 장미가 못마땅한 듯 말했다.

"나도 우유를 마셔야 하는데."

식구들이 옥수수 죽을 다 먹어 갈 때쯤 윈필드는 일어나 우유를 마셨다. 갑자기 식욕이 왕성해진 윈필드는, 옥수수 죽 냄비를 무릎 사이에 끼고 바닥이 드러날 때까지 싹싹 긁어 먹었다. 톰이 물었다.

"어머니, 이젠 어떻게 할 건지 말해 주세요."

어머니가 아버지를 보고 말했다.

"당신이 이야기 하세요."

아버지가 말했다.

"놈들은 네 말대로 품삯을 내렸다. 그런데 우리보다 더 배고픈 사람들이 쏟아져 들어왔다. 그 사람들은 빵 한 덩어리 값이라도 벌겠다는 마음 뿐이더구나. 내가 검사원한테 한 상자에 2센트 반 받고는 일할 수 없다고 했더니, 그놈이 '그럼, 그만두시오. 일할 사람은 많으니까.' 하는 거야."

큰아버지가 말했다.

"얘길 들으니 오늘 밤에 또 2백 명이 들어온다더라."

한참 있다가 아버지가 말했다.

"그놈은 죽었나 보더라. 놈들은 너랑 말을 다르게 하더라. 글쎄, 네가 먼저 그놈에게 싸움을 걸었다는 거야. 지금 놈들은 널 잡으려고 단단히 벼르고 있는 모양이다."

"내 인상을 알고 있던가요?"

"확실히는 모르는 모양이야. 그렇지만 네가 상처를 입은 건 알고 있었어."

"어머니, 저는 떠나야 될 것 같아요."

"안 된다. 너 혼자 여길 빠져 나갈 방법은 없어. 하지만, 우린 널 숨길 수 있어. 앨, 트럭을 문간에 세워라. 제일 밑에 매트리스 한 장을 깔고 거기에 톰이 눕는 거야. 그리고 다시 매트리스 한 장을 동그랗게 말아서 그 위에 덮는 거야. 그 둘레에 다른 물건을 놓아 톰이 숨으면 돼."

앨은 트럭을 문간으로 몰고 나왔다. 아버지와 큰아버지가 트럭 위로 매트리스를 던져 올리자, 톰은 재빨리 기어올라가 누웠다. 그리고 매트리스 한 장을 자기 몸 위로 끌어올렸다. 식구들은 서둘러, 냄비와 프라이팬, 옷가지 등을 아무렇게나 실었다. 물건들을 넣을 궤짝을 모두 땔감으로 썼기 때문이다. 거의 다 실었을 때, 경비원 하나가 다가왔다.

"뭘하는 거요?"

"떠나려고요."

"떠난다고? 당신들 조사 좀 해 봐야겠군."

경비원은 손전등을 식구들의 얼굴에 비추었다.

"한 사람 더 있었잖아?"

앨이 말했다.

"아, 도중에 같이 타고 온 조그만 남자 말인가요?"

"자세히는 모르겠지만 뭐 그런 것 같군."

"그자는 오늘 아침, 품삯이 내리자마자 떠나 버렸어요."

"그 사람, 어디 다친 데는 없었나?"

"글쎄요."

그들은 왼쪽으로 돌아 주유소에서 기름을 넣고, 한길로 나갔다. 농장 입구에 이르니, 또 한 명의 경비원이 다가왔다. 경비원은 손전등으로 트럭 아래를 비추었다.

"가도 좋아."

경비원은 문을 열어 주었다. 트럭은 남쪽으로 뻗은 도로로 달려갔다. 첫서리의 냉기를 머금고 있어서인지 밤공기는 몹시 싸늘했다. 어머니가 물었다.

"톰, 괜찮니?"

"네, 좀 답답할 뿐이에요. 농장에선 벗어났나요?"

"그래. 하지만 조심해라. 또 누가 차를 세울지 모르니까."

"아버지, 큰길로 가면 경찰을 만나는 일이 많을 것 같아요. 차라리 뒷 길로 가는 게 어떨까요?"

조드 네 트럭은 다시 뒷길로 달렸다. 앨은 자갈길로 들어갔다. 복숭아 나무 대신 이번에는 목화밭이 이어졌다. 시골길을 32킬로미터쯤 달리자 지붕이 있는 화차가 보였고, '목화 따기 인부 모집'이라는 커다란 간판 이 보였다. 톰이 말했다

"저기 목화 따기 인부 모집이라고 씌어 있는 간판이 보이죠? 내 생각 에 저기에는 분명 일자리가 있을 거예요. 어때요? 저기 화차에서 살

아 보면."

어머니가 말했다.

"넌 어떻게 하고?"

"난 덤불 속에 숨어 있을게요. 배수로 하나를 보았는데, 낮에는 거기 있다가 밤에는 덤불 속에서 자면 돼요. 얼굴의 상처만 나으면 당장 나올게요. 식구들이 모두 일한다면, 금방 돈을 모을 수 있을 거예요. 어머니, 나는 담요 한 장만 있으면 돼요. 그리고 음식은 배수로 근처에 갖다 주시면 돼요. 상처가 웬만큼 아물면 나와서 나도 목화를 딸게요."

식구들은 한편으론 걱정스러웠지만 톰의 제안에 동의했다. 톰은 담요 한 장을 가지고 트럭에서 내렸다. 어둠 속으로 톰이 사라져 가는 모습을 보며 어머니가 말했다.

"아, 일이 잘 됐으면 좋겠어."

조드 네 가족들은 화차의 제일 끝 쪽 방을 얻었다.

"여긴 꽤 아늑하구나. 지금까지 우리가 살던 곳 중에서 제일 좋아. 국영 캠프만 빼면."

하고 어머니가 말했다. 식구들은 날마다 밭에 나가 목화를 땄다. 얼마 뒤 그들은 차를 타고 시내로 가서 양철 난로를 사고, 남자들의 새 작업복과 어머니의 드레스를 사기도 했다. 조드 네는 운이 좋은 편이었다. 남들보다 일찍 왔기 때문에 그나마 화차에 있는 방을 얻을 수가 있었다. 나중에 온 사람들은 좁은 둑에 텐트를 치고 살아야 했다.

저녁이 되면 사람들은 밭에서 돌아와 네거리에 있는 식료품 매점으로 몰려갔다. 어머니는 고깃간 쪽으로 걸어가서 돼지고기를 산 뒤, 우유 한 병을 샀다. 아버지는 시럽 한 통을 집어들었고, 루디는 양손에 크래커 상자를 하나씩 들고 있었다.

"도로 갖다 놔."

어머니의 말에 루디의 눈동자에는 금세 이슬이 맺혔다. 아버지가 말했다.

"한 상자에 겨우 5센트야. 오늘은 저놈들도 일을 많이 했잖아."

결국 루디는 크래커 한 상자를 얻을 수 있었다. 루디는 크래커 상자를 들고 문간으로 날듯이 뛰어갔다. 윈필드도 그 뒤를 따랐다. 식구들이 식료품 가게에서 나왔을 때, 루디와 윈필드는 입 안에 크래커를 가득 넣은 채 기다리고 있었다. 조드 네 가족은 화차 방으로 들어갔다. 샤론의 장미가 궤짝에 걸터앉아 있었다.

"우유 사 왔어?"

"그래, 여기 있다. 넌 이게 무슨 약이라도 되는 줄 아는 모양이다."

"간호사가 그랬어. 많이 먹어야 한다고."

여자들이 저녁을 준비하는 동안 남자들은 개울에 나가 손을 씻었다. 샤론의 장미는 감자를 볶고 있었다. 그 때 방수포가 젖혀지더니, 옆방에 사는 웨인라이트 부인이 들어섰다.

"오늘은 어땠어요?"

"괜찮았어요. 3달러 57센트 벌었어요."

"우린 4달러요. 어머나, 돼지고기 요리를 하시는군요? 우린 베이컨 요리를 준비하고 있답니다. 저런, 베이컨이 타겠네!"

웨인라이트 부인은 얼른 옆방으로 돌아갔다.

그 때 윈필드가 살며시 들어와서 엄마를 불렀다.

"왜 그래? 크래커를 너무 많이 먹어 배탈이라도 났니?"

"엄마, 루디가 그러는데……."

"뭘?"

"톰 형 말이야……."

순간 어머니의 눈이 동그래졌다.

"루디누나는 있지, 저기 사는 애들이 와서 크래커를 좀 달라고 했는데 하나도 안 줬어. 그래서 아이들이 화가 나서 누나의 크래커를 빼앗았어."

"윈필드, 얼른 톰 얘기를 해."

"지금 하고 있잖아. 그래서 누나도 화가 나서, 걔네들을 쫓아가서 마구 때렸어. 그랬더니 그 중에서 제일 큰 애가 누나를 때렸어. 그것도 아주 세게 말이야! 누나는 화가 나서 '우리 오빠한테 말해서 네 오빠를 죽이라고 할 거야. 우린 오빠 사람을 두 명이나 죽였어. 그래서 지금 숨어 있어.' 하고 말했어."

"윈필드, 그게 정말이니?"

어머니의 얼굴이 새하얗게 질렸다. 어머니는 윈필드와 함께 밖으로 뛰어갔다. 마침 아버지와 큰아버지, 앨이 돌아왔다. 어머니가 낮은 목소리로 말했다.

"여보, 루디가 톰이 숨어 있다는 말을 했대요."

"뭐라고? 저런 못된 계집애!"

"당신은 여기 있어요. 내가 톰을 만나 이야기를 해야겠어요. 루디한테는 아무 말 하지 말아요. 내가 알아서 처리할 테니까."

그 때 겁에 질린 표정으로 루디가 들어왔다. 윈필드가 그 뒤를 따랐다. 상처투성이가 된 루디의 얼굴에는 싸운 흔적이 역력했다.

"내가 엄마한테 누나가 한 짓을 다 일렀어."

윈필드가 의기양양하게 말했다.

"가만 있지 못해! 윈필드, 누나를 더 이상 괴롭히지 마!"

루디는 어머니에게 매달려 서럽게 울기 시작했다. 어머니는 루디의 머리를 쓰다듬어 주며 말했다.

"네가 잘 모르고 한 일이니까, 울지 마."

루디는 풀이 죽어 한쪽 구석으로 걸어갔다. 어머니는 양철 접시를 신문지로 덮은 뒤, 길을 나섰다. 화차의 줄과 강둑 사이에는 텐트가 빈틈없이 들어차 있었다. 어머니는 텐트 사이를 걸어갔다. 마침내 텐트 줄 끝에 도착했다. 어머니는 강가의 버드나무 숲 속으로 들어갔다. 오솔길을 벗어나자 어머니는 숨을 죽이고, 누가 따라오지 않는지 살폈다. 그런 다음 냇물을 따라 오솔길 위쪽으로 갔다. 마침내 국도 근처에 이르자, 희미한 별빛 너머로 둑이 보였고, 배수로 구멍이 보였다. 톰이 먹을 음식을 갖다 놓는 곳이었다. 어머니는 구멍에다 접시를 놓고, 버드나무 숲 속으로 들어가 톰을 기다렸다. 이윽고 바람이 버드나무를 가볍게 흔들더니, 소나기가 쏟아지기 시작했다. 굵은 빗방울이 후드득 낙엽 위로 떨어져 내렸다. 어머니는 몸을 움츠렸다. 이윽고 톰이 나타났다.

"톰, 엄마다."

"어머니가 여긴 웬일이세요? ……."

"꼭 만나야 할 일이 생겼어."

"길에서 누가 보면 어쩌시려고. 자, 어서 나를 따라오세요."

톰은 작은 시냇물을 건너 숲 속으로 들어갔다. 어머니가 그 뒤를 따랐다. 톰은 밭을 지나 큰 덤불로 가더니 몸을 구부렸다.

"기어 들어가야 해요."

그들은 어두운 덤불 속으로 들어갔다. 바닥에는 담요가 깔려 있었다.

"돼지고기랑 감자볶음이야."

톰은 양철 그릇에 담긴 음식을 바닥이 드러날 때까지 먹었다. 얼마 뒤, 어머니가 말했다.

"톰, 루디가 네 말을 했어."

꿀꺽 침을 삼키는 소리가 났다.

"루디가 아이들하고 싸우다가 네 이야기를 한 모양이야. 그 앤 아이들에게 네가 사람을 죽이고 숨어 있다고 자랑을 했단다."

톰이 웃으며 말했다.

"어머니, 나도 어렸을 때 그런 말 많이 했어요. 아이들 세계에선 흔히 있는 일이니까 걱정할 것 없어요."

"그렇게 단순한 문제가 아니야. 톰! 아무래도 여기를 떠나는 게 좋겠다. 여긴 컴컴해서 영 네 얼굴이 보이지 않는구나. 그래, 얼굴은 좀 나았니?"

"네, 많이 나았어요."

"어디, 이리 가까이 와 봐라. 얼굴이라도 좀 만져 보자."

어머니는 손을 내밀어 어둠 속에서 아들의 얼굴을 찾아 손바닥으로 어루만졌다.

"어쨌든 넌 여기서 나가야 해. 우린 요즘 형편이 좀 나아졌어. 돈도 조금씩 모으고 있고. 자, 받아라. 7달러야. 얼마 안 되지만 이걸 가지고 아주 멀리 도망가라."

"그 돈은 받지 않겠어요, 어머니."

"안 돼. 나를 위해서라도 받아야 해. 일단 큰 도시로 떠나라. 그런 데선 아무도 널 알아보지 못할 거야."

"어머니, 내가 식구들이랑 헤어진 후 누굴 생각하고 있는지 아세요? 바로 케이시예요. 그 곳에서 언젠가 케이시는, 자기의 영혼을 찾으러 광야로 갔대요. 그리고 자기는 엄청나게 큰 영혼의 일부라는 걸 깨달았대요. 자기가 갖고 있는 작은 영혼은 나머지 영혼과 합쳐져 전체가 되지 않으면 아무 소용이 없대요. 나는 이제 깨달았어요. 인간은 혼자서는 아무런 소용이 없다는걸요."

"케이시는 좋은 사람이었어."

"그래요. 언젠가는 성경 구절을 왼 적이 있는데, 전도서에 이런 구절이 나와요."

"어떤 구절인데?"

"두 사람이 한 사람보다 나음은 저희가 수고함으로 좋은 상을 얻을 것이니라. 혹시 저희가 넘어지면 하나가 그 동무를 붙들어 일으키려니와 홀로 있어 넘어지고 붙들어 일으킬 자가 없는 자에게는 화가 있으리라. 또한 두 사람이 함께 누우면 따뜻하거니와 한 사람이면 어찌 따뜻하랴? 한 사람이면 패하겠거니와 두 사람이면 능히 당하나니 세 겹줄은 쉽게 끊어지지 아니하느니라."

"그래, 넌 앞으로 어떻게 할 작정이니?"

톰은 오랫동안 가만히 있었다.

"난 케이시가 하던 일을 계속할 거예요."

"그 일을 했기 때문에 그 사람은 살해당했어."

"그래요. 하지만 그건 케이시가 재빠르게 피하지 못해서 그래요. 지금 이 곳에는 돼지처럼 살아가는 가난뱅이들이 있고, 몇십 만이 넘는 농민들이 굶주리고 있어요. 우리가 단결하면 어떤 일이 생길까요?"

"톰, 그러다 너도 총에 맞아 죽을라."

"언젠가는 나도 놈들에게 잡히겠지요. 하지만 어머니, 내 걱정은 하지 마세요."

"앞으로 나는 어떻게 하면 네 소식을 들을 수 있을까?"

톰은 불안하게 웃으며 말했다.

"케이시의 말대로 사람은 자기만의 영혼만 갖고 있진 않아요. 더 큰 영혼의 한 조각을 갖고 있는 거지요. 그렇게 생각하면, 어머니의 눈이 바라보는 곳에는 어디에나 내가 있는 거예요. 굶주린 인간들이 밥을 달라고 소동을 일으키는 곳이면 어디든 내가 함께 있을 거예요. 보안관이 누군가를 때리고 있으면 나는 거기에 있을 거고, 또 아이들이 저녁 식탁에서 소리 내어 웃고 있다면 그 곳에 내가 있어요. 그리고 우리 식구가 스스로 가꾼 것을 먹고, 손수 지은 집에서 살게 되면 나도 물론 거기에 있을 거예요."

"나는 무슨 소린지 통 모르겠구나. 자, 어쨌든 이 돈을 받아라."

톰은 아무 말 없이 있다가,

"그렇게 하지요."

하고 돈을 받았다.

"톰, 나중에 일이 잠잠해지거든 돌아오너라. 그 땐 우리를 꼭 찾아와야 한다."

"그럼요, 반드시 그렇게 할게요, 어머니."

톰은 어머니를 입구 쪽으로 데리고 갔다.

"저 밭을 끼고 가면 플라타너스 나무가 하나 있어요. 거기서 개울을 건너세요. 안녕히 가세요, 어머니."

"그래, 톰. 무사하길 빈다."

어머니는 빠른 걸음으로 걸어갔다. 가슴이 아팠지만 울지는 않았다. 어느 새 비가 그쳤으나, 하늘은 여전히 어두컴컴했다. 길 뒤쪽에서 발소리가 났다. 어떤 남자가 어머니에게 말을 걸었다.

"안녕하세요? 비가 계속 올 것 같군요……."

"더 이상 비가 내리면 안 돼요. 목화를 딸 수 없거든요. 우린 목화 따는 일을 한답니다."

"나는 2만 4천 평 정도 되는 목화 밭을 갖고 있어요. 그래서 목화 따는 인부를 구하러 가는 길이랍니다."

"일꾼이라면 얼마든지 구할 수 있을 거예요. 저희도 일하고 싶습니

다. 우린 식구가 여섯이랍니다. 내일 댁의 밭에 가겠습니다. 품삯은
얼마죠?"

"90센트요."

"너무 싸군요."

"그럴 수밖에 없어요. 조합에서 임금을 정해 놓았거든요. 그대로 따
르지 않으면 농장을 갖고 있지도 못하죠."

캠프지에 이르자, 남자는 일꾼을 구하기 위해 떠났다. 어머니가 집에
돌아오니, 아버지와 큰아버지, 나이가 지긋한 남자가 벽을 등지고 앉아
있었다.

"안녕하세요, 웨인라이트 씨."

"안녕하세요, 부인."

"새로운 일자리가 생겼어요. 북쪽으로 가면, 2만 4천 평 규모의 목화
밭이 있대요."

"우리도 거기서 일할 수 있을까요?"

"그럼요. 지금 그 목화밭 주인과 같이 걸어왔어요. 일꾼을 구하러 오
는 길이라더군요. 우리랑 같이 가요. 기름값은 반반씩 내고요."

"감사합니다."

아버지가 끼어들었다.

"웨인라이트 씨는 우리랑 의논할 일이 생겨서 오셨어."

"뭔데요?"

"우리 딸 이야깁니다. 그 앤 벌써 다 커서 열여섯 살이 되었지요."

"그래요, 아주 귀엽던대요."

하고 어머니가 말했다.

"저, 그 애는 요즘 앨하고 저녁마다 둘이서 밖에 나가고 있어요. 우리
는 그 애가 무슨 잘못이라도 저지를까 봐 걱정이에요."

"앨은 좀 철이 없어서 그렇지, 착한 아이예요."

"우리도 앨을 좋아해요. 그래서 우리 딸이랑 앨을 결혼시켰으면 합니다. 만일 결혼 전에 창피한 일이라도 생기면 곤란하니까요."

"우리 집 양반이 앨에게 잘 말할 거예요. 만약 안하면 제가 나서서 말할게요."

"고맙습니다. 그럼 안녕히 주무세요."

그는 방수포 포장 끝을 돌아가 나갔다.

어머니가 아버지와 큰아버지를 불렀다.

"톰을 만나고 왔어요. 그 애더러 멀리 떠나라고 했어요."

"그럴 수밖에 없잖아."

"톰은 잘해 낼 거예요."

그리고는 아버지에게 사과하듯 말했다.

"아까 내가 앨한테 말하겠다는 건, 무슨 악의가 있어서가 아니에요."

"나도 잘 아오. 나는 이제 아무 소용도 없어졌어. 어쨌든 묘한 일이야. 여자가 집안일을 좌지우지 하니 말이야. 하지만 이제 그런 건 하나도 중요하지 않아. 우리에겐 당장 돈이 필요해. 로저샨도 곧 아기를 낳을 거고, 먹을 것도 있어야 하는데. 우리 목숨도 끝장이라는 생각이 드는군."

"그렇지 않아요. 우린 아직 죽지 않아요."

그 때 앨이 포장을 들치고 들어왔다.

"앨, 우린 지금 네 이야기를 하려던 참이야."

하고 어머니가 말했다.

"나도 할 이야기가 있어요. 난 이 곳을 떠날 거예요."

"안 돼. 우린 네가 필요해. 왜 떠나려는 거지?"

"사실은 저 아기랑 결혼할 거예요. 나는 수리공장에 들어가 열심히 일할 거예요. 아무도 우릴 막을 수는 없어요."

모두 앨의 얼굴을 쳐다보았다. 드디어 어머니가 입을 열었다.

"앨, 정말 기쁘구나! 넌 이제 어른이야. 너에게는 아내가 필요해. 하지만 지금 떠나지는 말아라."

"난 아기와 약속했어요. 그러니 가야 해요."

"봄까지만 기다려라. 네가 없으면 누가 트럭을 운전하니?"

"그건……."

그 때 웨인라이트 부인이 방수포를 들치고 얼굴을 내밀었다.

"우리 딸 이야기 다 들었나요?"

하고 물었다.

"네, 방금 들었어요."

어머니가 대답했다.

"그럼 다들 축하를 해야지요. 우리 집에 케이크가 있으면 좋겠는데."

"내가 커피를 끓이고, 팬케이크라도 만들어 볼게요."

"그럼, 우린 설탕을 좀 가져오지요."

어머니가 그릇에 밀가루를 붓는데, 샤론의 장미가 들어왔다.

"무슨 일인가요?"

"앨과 아기가 결혼하게 됐구나. 그래서 조촐한 파티라도 열려고 해."

샤론의 장미는 꼼짝도 않고 그 자리에 우뚝 서 있었다. 앨은 당황한 얼굴로 그녀를 바라보았다. 그 때 웨인라이트가 옆방에서 소리쳤다.

"아기한테 지금 드레스를 입히고 있어요. 곧 그리로 갈게요."

샤론의 장미는 천천히 돌아서더니, 화차 발판을 밟고 내려갔다. 샤론의 장미는 오솔길 쪽으로 걸어 들어갔다. 나무딸기의 덩굴 때문에 머리가 헝클어졌지만, 그녀는 상관하지 않았다. 그녀는 그 자리에 반듯이 드러누웠다. 그리고 뱃속에 있는 아기의 무게를 느꼈다.

어머니는 문간에 서서 밖을 내다보았다. 별이 동녘 하늘에 떠 있었다. 샤론의 장미가 고달픈 듯이 몸을 뒤척이다가 일어났다.

"더 누워 있지 그러니?"

하고 어머니가 말했다.

"아니, 그만 일어날래요."

어머니는 옥수수 빵을 굽기 위해 프라이팬을 데웠다.

"이렇게 일찍 웬일이니?"

"목화를 따려고요."

"안 된다. 안 돼!"

"아니, 괜찮아요. 난 할 거예요."

"로저샨, 너 어제 팬케이크 먹으러 왜 안 왔니?"

샤론의 장미는 대답하지 않았다.

"갑자기 왜 목화를 따러 가겠다는 생각을 한 거니? 앨과 아기 때문이니?"

"모르겠어요. 하지만 난 일하러 갈래요."

"좋다. 하지만 무리는 하지 마."

화차 안 사람들은 천천히 담요에서 기어나와 옷을 주워 입었다. 웨인 라이트 네 집에서 나뭇가지를 꺾는 소리가 났다.

"조드 부인, 우리도 준비를 하고 있어요. 곧 갈 수 있을 거예요."

앨이 중얼거렸다.

"왜 이렇게 일찍 일어나야 해요?"

"왜냐하면 일찍 도착해야 하니까. 다른 사람이 목화를 따기 전에 가 있어야 해."

어머니는 소리를 높였다.

"준비 다 됐나요, 웨인라이트 부인?"

"지금 아침을 먹고 있어요. 곧 끝나요."

"우린 준비가 다 됐어요."

어머니는 샤론의 장미를 보고 다시 한 번 말했다.

"너는 집에 있어라."

딸은 입을 다물고 있다가 말했다.

"아뇨, 갈 거예요."

어머니는 한숨을 쉬며 말했다.

"좋다. 목화 밭에서 내가 널 보살펴 주마. 담요 한 장을 가지고 가자. 힘들 때 쉴 수 있게 말이야."

웨인라이트 네와 조드 네 가족은 트럭에 올라탔다. 차가 어두운 길을 따라 달리기 시작했다. 다른 차들도 뒤따라 왔다. 앨은 입구 쪽으로 차를 돌려 목화 따는 밭으로 갔다. 뒤뜰에는 벌써 많은 차들이 모여 있었다. 앨은 트럭을 나무 울타리 옆에 세웠다. 창고 모퉁이의 전등 아래서는, 농장 주인이 일하는 사람들의 이름을 장부에 적고 있었다. 차가 잇달아 마당으로 들어왔다.

사람들은 우르르 목화 밭으로 몰려갔다.

"도대체 소문이 어디까지 난 거야. 점심 전에는 목화를 모두 따겠어." 하고 주인이 말했다.

서풍이 계속 불어왔다. 사람들은 목화송이를 따서 부지런히 자루에 담는 일을 되풀이했다. 아버지는 서쪽 언덕을 힐끗 쳐다보았다. 커다란 잿빛 구름이 바람을 타고 능선을 넘어오고 있었다.

"비가 올 것 같아."

그런데도 여전히 새로운 일손이 장부에 이름을 기입하고 밭으로 뛰어들어왔다. 11시에 일이 끝났다. 인부들은 한데 어울려 맥없이 뒷마당으로 몰려가 줄을 서서 품삯 지불을 기다렸다.

"홈제임스 20센트, 랠프 30센트, 조드 90센트, 윈필드 15센트."

조드 네와 웨인라이트 네 식구들은 트럭에 올라앉아서, 도로가 뚫릴 때까지 기다렸다. 그 사이에 굵은 빗방울이 떨어지기 시작했다. 샤론의 장미는 얼굴빛이 점점 창백해져 갔다. 겨우 길이 트이자 앨은 국도를 달렸다. 빗방울이 점점 굵어졌다. 샤론의 장미가 어머니 품에서 심하게 몸을 떨었다. 어머니가 외쳤다.

"앨, 서둘러라. 로저샨이 아프다."

앨은 속력을 올렸다. 이윽고 화차 캠프에 이르자, 그는 트럭을 화차 곁에 바짝 세웠다. 어머니는 샤론의 장미를 부축해서 트럭에서 내렸다. 남자들은 땔감을 주우러 나갔다.

웨인라이트 부인이 비틀거리는 샤론의 장미를 보았다.

"왜 그래요? 산기가 있나요?"

"아니, 그렇지는 않은 것 같은데……. 감기가 든 모양이에요. 좀 도와 주세요."

화차 안으로 오자 웨인라이트 부인이 말했다.

"내가 불을 피울 테니, 따님을 주물러 주세요."

비는 억수로 쏟아져 지붕을 씻어내리고 있었다. 샤론의 장미는 매트리스 위에 힘없이 누워 있었다.

"어머니, 예감이 좋지 않아요."

샤론의 장미는 몸을 덜덜 떨었다. 어머니는 담요를 있는 대로 가져다가 딸에게 덮어 주었다. 그제서야 땔감을 주우러 나갔던 식구들이 돌아왔다. 아버지와 큰아버지와 앨은 몇 번이나 숲에 가서 땔감을 주워 왔다. 그들은 땔감이 천장에 거의 닿게 되자, 난로 곁으로 모여들었다. 날은 이미 저물었다. 식구들은 사정없이 퍼붓는 빗소리를 걱정스럽게 들

고 있었다.

15

화차 캠프 주변 여기저기에 웅덩이가 생겼다. 개울물은 화차가 늘어선 낮은 평지를 향해 흐르기 시작했다. 비가 내리기 시작한 지 이틀째 되던 날, 앨은 화차 한가운데 쳐 놓았던 방수포를 떼어 트럭 앞을 덮었다. 어머니는 땔감을 절약했다. 사흘째가 되자 웨인라이트 가족은 불안에 떨기 시작했다.

"여길 나가는 게 좋겠어요."

웨인라이트 부인이 말했다.

"어디로 가려고요? 비가 새지 않는 지붕이 있는 데가 있겠어요?"

"그건 잘 모르지만, 어쨌든 우리는 여기서 나가야 할 것 같아요."

캠프지 양쪽 끝에서는 개울물이 국도를 따라 흐르고 있었다.

아버지가 말했다.

"형님, 저 개울물이 넘어오면 여긴 완전히 물바다가 될 것 같은데……."

"그래, 그럴지도 몰라."

샤론의 장미는 심한 감기로 누워 있었다. 어머니가 샤론의 장미에게 뜨거운 우유 한 잔을 먹였다. 아버지가 말했다.

"우리 모두가 힘을 합쳐 둑을 만들면 물을 막을 수 있을 거예요."

그러자 큰아버지가 말했다.

"사람들은 차라리 다른 데로 가고 싶어할지도 몰라."

아버지는 화차 안에 있는 땔감 더미에서 나뭇가지 하나를 빼들고, 흙탕물을 첨벙거리며 개울가로 갔다. 그리고는 물 속에 그 나뭇가지를 꽂아 두고 화차로 돌아왔다. 아버지와 큰아버지는 그 가지를 가만히 지켜보았다. 물은 점차 그 가지를 에워싸며 둑을 기어 올라왔다.

"빨리도 올라오는군. 다른 사람들과 의논을 해 봐야겠어. 둑 쌓는 일을 도와줄 수 있는지. 안 되면 여기서 나가는 수밖에 없지."

아버지는 웨인라이트 쪽을 쳐다보았다. 앨이 아기 옆에 앉아 그들 가족과 어울리고 있었다. 아버지가 그쪽으로 갔다.

"물이 자꾸 불어나요. 어서 둑을 쌓아야 해요. 다같이 힘을 모으면 금방 끝낼 수 있을 텐데."

웨인라이트가 말했다.

"우린 여길 나가는 게 좋을 것 같아요."

앨이 말했다.

"아기가 가면 나도 같이 가겠어요."

순간 아버지는 당황한 얼굴이 되었다.

"그럴 수는 없어. 우린 아무도 저 트럭을 운전할 줄 몰라."

"그렇지만 난 아기하고 헤어질 수 없어요."

"저기 보이지? 저기서 저기까지만 둑을 쌓으면 돼."

아버지는 아까 꽂아 놓은 나뭇가지를 가리키며 말했다. 물은 벌써 둑을 기어오르고 있었다.

"둑을 쌓는다고 해도 물이 넘칠지 몰라요."

웨인라이트가 반박했다.

"아기가 가면 나도 가겠어요."

앨이 말했다. 그러자 아버지가 진지한 표정으로 말했다.

"앨, 내 말 잘 들어. 다른 사람들이 둑을 쌓기 싫다고 하면, 그 땐 우리도 떠날 수밖에 없어. 어쨌든 사람들을 만나서 얘기해 보자."

담요를 덮고 누워 있던 샤론의 장미가 갑자기 짧은 비명을 질렀다. 어머니는 딸에게 달려갔다. 샤론의 장미는 숨을 몰아쉬고 있었다. 어머니는 웨인라이트 부인을 불렀다.

"아기를 낳을 모양이에요. 조금 이른 것 같긴 하지만."

샤론의 장미는 한숨을 쉬고 축 늘어졌다.

"그럼 일어나게 해요. 우선 걸어다니게 해야 해요."

웨인라이트 부인은 침착한 태도로 이렇게 말했다.

"나는 여러 번 아기를 받았어요."

어머니가 샤론의 장미에게 말했다.

"얘야, 이제 곧 예쁜 아기를 낳는 거야. 너는 우리가 하라는 대로만 하면 된다. 알겠니?"

"네, 해 보겠어요."

세 여자는 천천히 걷기 시작했다. 샤론의 장미는 몸을 뒤틀며, 고통스러워서 우는소리를 냈다. 두 사람은 샤론의 장미를 다시 매트리스에 눕혔다.

"마음을 편히 가져라. 곧 괜찮아질 거야. 잠깐 주먹을 쥐고 있어. 그리고 아랫입술을 깨물고. 그래, 그렇게!"

어머니가 말했다. 진통이 어느 정도 사라지자 두 사람은 다시 샤론의 장미를 일으켜 세워 걷게 했다.

아버지가 문틈으로 머리를 들이밀었다.

"무슨 일이야?"

"진통이 시작됐어요, 여보."

"그럼, 여기를 떠날래도 떠나지 못하겠군. 그렇다면 더더구나 둑을 쌓아야만 해."

아버지는 다시 개울 쪽으로 걸어갔다. 남자들이 한 스무 명쯤 빗속에 서 있었다. 아버지가 그들을 향해 외쳤다.

"어서 둑을 쌓아야 해요! 우리 딸애가 아기를 낳을 모양이오. 그래서 지금 당장 떠날 수가 없소."

키 큰 남자가 말했다.

"우리 집 일이 아니니, 우리는 지금이라도 떠날 수 있어요."

"그래요. 당신들은 갈 수 있지요. 아무도 붙잡지 않아요."

아버지는 서둘러 제일 낮은 곳으로 가서 삽을 진흙 속에 찔러 넣었다. 그리고는 흙을 떠서 둑에 던져 넣었다. 그러자 다른 남자들도 쭉 늘어서서 진흙을 떠서 긴 둑을 만들기 시작했다. 마침내, 국도의 둑과 새로 만든 둑이 이어졌다. 그들은 너무 지친 나머지, 움직임도 느려졌다. 개울물은 천천히 불어나, 서서히 둑으로 올라오고 있었다. 아버지가,

"둑을 만들지 않았다면 벌써 넘쳤을 거요!"

하고 외쳤다. 저녁 때가 되어서도 그들은 작업을 그만두지 않았다.

샤론의 장미는 더 이상 견딜 기력이 없었다. 그녀는 심한 고통을 이기지 못해 울부짖었다. 어머니는 냄비라는 냄비에는 모두 물을 담아 난로에 올려놓았다. 아버지가 몇 번이고 일하다말고 방 안을 들여다보고 갔다.

날이 완전히 어두워지자 누군가 손전등을 가져와서, 계속 일을 할 수 있게 했다. 그는 물 쪽으로 불빛을 비추더니,

"물이 계속 불어나는데."

라고 말했다. 남자들의 움직임은 더욱 느려졌다. 둑 위에 더 많은 흙이 쌓이고, 더 많은 버드나무 가지가 엮어졌으나, 비는 끊임없이 쏟아졌다.

"아기가 태어났으면 날 부르러 올 텐데."

아버지가 화차 쪽으로 고개를 돌리며 말했다.

물살이 둑에 부딪치자, 개울 위쪽에서 무슨 소리가 났다. 손전등을 비춰 보니 커다란 백양나무 한 그루가 쓰러져 있었다. 시간이 지나면서 나무가 뽑히더니, 물살 속으로 천천히 떠내려가기 시작했다. 그러더니 나무가 둑을 반으로 갈라 놓았다. 그 순간, 둑이 확 허물어졌다. 물은 삽시간에 차 올랐다. 남자들은 일제히 흩어졌다. 물은 평지로 흘러 화차 밑으로, 자동차 밑으로 흘러 들어갔다. 둑이 무너지자 앨은 돌아서서 뛰기 시작했다. 트럭이 있는 데까지 왔을 때, 물은 거의 허벅지 근처까지 차올랐다. 앨은 차에 씌워 놓은 방수포를 벗기고 차 안으로 뛰어들었다. 시동을 걸어 봤지만, 모터 소리는 나지 않았다. 어느 새 물이 차올라 모터가 잠겼다.

아버지가 기진맥진하여 화차로 돌아왔을 때, 두 개의 램프가 화차 안을 어둡게 비추고 있었다. 아버지가 들어가자, 어머니는 어두운 표정으로 고개를 떨구었다.

"어때, 아이는?"

그 때 큰아버지가 비틀비틀 안으로 들어왔다. 웨인라이트 부인은 아버지를 화차 구석으로 데리고 갔다.

"아이는 처음부터 살아 있지 않았어요."

큰아버지는 그 소리를 듣고, 컴컴한 구석으로 걸어갔다. 비는 이제 조용히 지붕을 때리고 있었다. 큰아버지의 지친 듯한 흐느낌 소리가 들려왔다. 아버지가 말했다.

"우리는 하는 데까지 했어."

"알고 있어요."

"밤새도록 둑을 쌓았지만, 나무가 둑을 무너뜨려 버렸어."

어머니의 입술에는 핏기가 하나도 없었다.

"우리가 뭘 잘못한 걸까?"

아버지는 누군가에게 호소하듯이 물었다. 어머니는 막막한 표정으로 남편을 보았다.

"그만하세요. 앞으로 다 잘 될 거예요. 모든 것이 변해 가고 있어요."

"아무래도 곧 물이 찰 것 같아. 떠날 준비를 해야겠어."

그 때 밖에서 성난 목소리가 들렸다.

"난 그 빌어먹을 놈의 얼굴을 봐야겠어."

그러자 앨의 목소리가 들렸다.

"당신, 대체 어딜 들어가려는 거야?"

"조드 놈을 만날 거다. 그놈이 둑을 쌓자는 말만 안 했어도, 우린 나갈 수 있었어. 우리 차는 이미 물에 잠겼어."

아버지는 천천히 문간으로 걸어가서 말했다.

"집에는 앓는 사람이 있으니, 저쪽으로 가서 얘기하지."

웨인라이트 부인이 어머니에게 말했다.

"곧 날이 샐 거예요. 조금이라도 눈을 붙이세요."

어머니가 말했다.

"난 조금도 피곤하지 않아요. 도와줘서 정말 고마워요."

"고맙긴요. 우린 한지붕 밑에 사는데. 만약, 우리가 어려운 일을 당했다면 당신도 날 도와주셨을 거예요."

그 때 루디가 잠에서 깨어나 물었다.

"엄마, 아기 낳았어? 아기는 어디 있어?"

어머니가 말했다.

"아기는 처음부터 없었어, 루디. 우리가 잘 모르고 있었단다."

"쳇! 그런 게 어딨어?"

하고 루디는 하품을 했다. 어머니는 얕은 잠에 빠져들었다.

아버지와 앨과 큰아버지는 화차 문가에 앉았다. 어느 새 비는 그쳤다. 그 사이 둑은 자취도 없이 사라지고, 물은 화차가 늘어선 곳까지 들어왔다.

"차 안까지 물이 들어올까요, 아버지?"

앨이 물었다.

"글쎄다. 비가 다시 올지도 모르고."

"만약, 물이 들어오면 다 젖고 말겠죠?"

"그럴 테지."

"화차 안으로 들어와도 100센티미터 이상은 차지 않을 거예요. 국도를 넘어서 저쪽으로 흘러갈 테니까."

"그래서? 우린 여기 있지 않을 텐데."

"여기 있어야만 해요! 트럭이 여기 있으니까. 물이 다 빠져도 트럭에서 물이 빠지려면 일주일은 걸려요. 트럭의 옆 널빤지를 떼어다가 화차 안에다 단을 만들어 놓은 뒤, 그 위에 물건을 쌓아올리고, 사람도 앉아 있을 수 있게 하는 거예요."

"그래, 앨. 네 말대로 해야겠다."

웨인라이트 부인이 아버지를 불렀다. 그녀는 한쪽에 놓인 사과 궤짝을 가리키며 말했다.

"저걸 어디에 갖다 묻어 주세요. 보고 있으면 근심과 슬픔만 더할 뿐이에요."

남자들은 모두 말이 없었다. 아버지는 큰아버지를 쳐다보았다.

"앨하고 나하고 널빤지를 뜯는 동안, 형님이 좀 묻어 주시겠어요?"

큰아버지는 시무룩하게 말했다.

"왜 하필 나니? 난 싫다."

그러더니 이내 마음을 바꾸고 이렇게 말했다.

"그래, 내가 하지. 내가 해. 어서 그걸 이리 다오."

큰아버지는 궤짝을 들고 집을 나섰다. 그리고는 둑을 올라가서 국도로 나가 물살이 센 강가로 갔다. 큰아버지는 궤짝을 물에 띄우고는 쓸쓸한 목소리로 말했다.

"자, 흘러가서 사람들에게 전해라. 네가 사내애인지 계집앤지 나는 모른다. 알고 싶지도 않다. 어서 가서 우리가 살아온 이야기를 전해 줘라."

궤짝은 급류에 휘말려 뒤집어졌다. 궤짝이 떠내려가는 모양을 지켜보고 있던 큰아버지는 얼마 후 화차로 돌아왔다. 앨과 아버지는 트럭에서 널빤지를 떼내어, 화차 안에 단을 만들었다. 아침이 되자 잠에서 깨어난 샤론의 장미는 어머니께 물었다.

"어머니, 아기는 건강해요?"

어머니는 애써 숨기려는 생각을 버렸다.

"애야, 마음을 굳게 먹어야 한다. 아기는 이제 이 곳에 없어. 넌 얼마든지 다시 아기를 낳을 수 있지 않니?"

"어머니!"

샤론의 장미는 흐느껴 울기 시작했다. 어머니는 남은 나뭇가지를 긁어모아 불을 피우고, 베이컨으로 국물을 만들었다. 가족들이 식사를 하고 있는 동안에 물은 자꾸만 불어났다. 앨은 얼른 먹고 아버지와 둘이서 단을 만들었다. 물은 문 가장자리까지 밀려와 천천히 바닥으로 흘러

들었다. 밖에서는 여전히 비가 쏟아지고 있었다.

"어서 매트리스를 올려요! 담요도."

앨이 외쳤다. 가족들은 단 위에 짐을 올렸다. 그런 다음 샤론의 장미가 누워 있는 매트리스를 들어올려 짐 위에 놓았다. 물이 조금씩 차기 시작했다. 샤론의 장미가 어머니에게 뭐라고 속삭였다. 그러자 어머니는 손을 담요 속에 넣어 딸의 유방을 만져 보고는 고개를 끄덕거렸다.

화차 안의 다른 사람들도 단을 만들었다. 세차게 쏟아지던 비가 서서히 그쳤다. 어머니는 루디와 윈필드도 짐 위로 안아 올렸다. 그리고는 느닷없이 말했다.

"우리는 여기서 나가야 해요."

그러자 아버지가 말했다.

"짐이 여기 다 있는데, 가긴 어딜 간단 말이야? 화차 문짝을 뜯어서 앉을 자릴 더 만들면 돼."

물은 둑을 넘어서 목화밭으로 흘러갔다. 하루 종일 남자들은 축축이 젖은 채 화차 문짝 위에 서 있었다. 그날 밤, 어머니는 샤론의 장미 곁에서 잤다. 이틀째 되는 날 아침, 아버지는 캠프를 빠져 나가서 감자를 열 개쯤 구해 가지고 돌아왔다. 식구들은 감자를 먹었다. 마침내, 마지막 남은 식량이 떨어지자, 그들은 물끄러미 잿빛 물을 바라보았다. 밤이 되어도 식구들은 좀처럼 자려고 하지 않았다.

다음 날 아침, 식구들은 불안한 마음으로 눈을 떴다. 샤론의 장미가 어머니에게 속삭였다. 어머니는 고개를 끄덕이며 말했다.

"그래, 이제 그럴 때가 왔다."

어머니는 남자들을 깨우며 말했다.

"우리는 여기서 나가, 더 높은 곳으로 가야만 해요. 당신들이 가거나 말거나 나는 로저샨과 아이들을 데리고 가겠어요."

"그럴 수는 없어."

하고 아버지가 힘없이 말했다.

"그럼 좋아요. 로져샨을 국도까지만 업어다 주세요. 그리고 당신은 여기로 돌아오면 돼요. 비가 그쳤으니 지금 떠나겠어요."

"좋아. 우리도 같이 떠난다."

하고 아버지가 말했다. 그러자 앨이,

"어머니, 난 갈 수 없어요. 아기하고 나하곤……."

하고 말하자 어머니가 미소를 지었다.

"그래, 앨. 넌 여기 남아라. 그리고 짐을 좀 지켜 다오. 물이 빠지면 돌아올게."

어머니는 로져샨을 단 위에서 부축해 내려 조심스럽게 걸어갔다. 미리 기다리고 있던 아버지는 로져샨을 팔에 안고 되도록 높게 쳐들면서 물 속을 조심조심 헤치고 나아가, 화차 끝을 돌아 국도로 올라섰다. 큰 아버지는 루디를 안고 뒤따랐다. 윈필드는 어머니 어깨에 올라탔다. 어머니는 앨에게 소리쳤다.

"앨, 혹시 톰이 오거든 우리가 곧 돌아온다고 일러라. 몸조심하라고 전하고."

어머니는 가슴께까지 차오른 물 속을 비틀거리며 걸어갔다. 무서운 기세로 흘러가는 강물 소리가 들렸다. 그들은 천천히 국도로 걸어갔다. 길은 강을 따라 꼬부라졌고, 비가 다시 내리기 시작했다.

"어서 가요. 로져샨의 몸이 물에 젖으면 큰일이에요."

길에서 멀리 떨어진 언덕 위에 헛간이 하나 보였다.

"저길 봐요. 저 헛간에는 아직 물이 들어가지 않았을 거야. 비가 그칠 때까지 저기 가 있어요."

그 때 사나운 폭풍우가 그들을 휘몰아치기 시작했다. 그들은 비바람을 뚫고 조그만 비탈로 올라갔다. 샤론의 장미는 발이 미끄러져 부모님이 부축하는 대로 질질 끌려갔다. 그들은 간신히 헛간에 도착했다. 헛간에는 문도 없었고, 둥근 가래며 부서진 경작기, 그리고 농기구가 몇 개 흩어져 있었다. 아버지는 샤론의 장미를 궤짝 위에 내려놓았다. 어머니가 말했다.

"어쩌면 건초가 있을지 몰라요. 봐요, 저기 문이 있네."

어머니는 문을 열어 보았다. 거기에는 다행히 마른 풀이 있었다.

"로저샨, 우선 저기 누워서 쉬어라. 내가 어떻게 옷을 말릴 방법을 생각해 볼 테니."

윈필드가 엄마를 불렀다.

"왜 그러니, 윈필드?"

"저기 좀 봐요."

어머니는 윈필드가 가리키는 곳을 보았다. 어두컴컴한 구석에 남자 하나가 드러누워 있고, 그 옆에 사내아이가 우두커니 앉아서 조드 네 식구를 쳐다보고 있었다.

"아주머니가 여기 주인이세요?"

"아냐, 그냥 비를 피해서 들어왔어. 아픈 딸이 있어서. 너, 혹시 마른 담요 같은 게 있니? 이 아이 옷을 좀 벗겼으면 해서 그런단다."

사내아이는 구석으로 돌아가서 때 묻은 이불을 가지고 와 어머니에게 내밀었다.

"고맙다. 그런데 저 사람은 왜 그러니?"

"벌써 엿새 동안 아무것도 먹지 못했거든요. 게다가 건강도 좋지 않고요."

어머니는 구석으로 가서 남자를 보았다. 나이는 쉰 살쯤 되어 보였고, 무척 야윈 모습이었다.

"너희 아버지니?"

"네. 아버진 먹을 게 생기면 늘 저한테 줬어요. 아버지는 이제 움직일 기운도 없어요."

어머니는 샤론의 장미에게로 갔다. 어머니는 딸의 몸이 보이지 않도록 이불을 펴서 쳐들었다. 그리고 딸이 옷을 벗자, 이불로 딸의 몸을 감쌌다. 소년이 다시 어머니 곁에 와서 말했다.

"어젯밤에 제가 남의 집 유리창을 깨고 들어가, 빵을 좀 훔쳐왔어요. 그걸 아버지께 드렸는데 전부 토해 냈어요. 우유나 수프를 드려야 하는데. 아주머니는 우유 살 돈이 있나요?"

어머니가 말했다.

"가만, 방법을 한 번 생각해 보자."

그러자 소년이 외쳤다.

"아주머니, 우리 아버지가 죽어 가요! 좀 도와주세요."

어머니는 어찌할 바를 몰라서, 아버지와 큰아버지를 쳐다보았다. 그리고 온몸을 이불로 둘둘 감싸고 있는 샤론의 장미를 보았다. 어머니의 눈이 샤론의 장미와 마주쳤다. 모녀는 서로의 눈을 깊숙이 들여다보았다. 마침내 어머니가 입을 열었다.

"좋아, 도와줄게."

어머니는 샤론의 장미를 보고 웃으며 말했다.

"네가 그렇게 할 줄 알고 있었어!"

어머니는 샤론의 장미의 이마에 입을 맞추었다. 어머니는 얼른 일어서며 식구들에게 말했다.

"자, 모두 저쪽 연장 광으로 가요."

어머니는 식구들을 문 밖으로 몰아 낸 다음, 소년의 손을 잡고 밖으로 나가 문을 닫았다. 잠시 동안 샤론의 장미는 헛간 지붕 위로 떨어지는 빗소리를 들었다. 이윽고, 그녀는 지친 몸을 간신히 일으키고는 이불로 몸을 꼭 여몄다. 그리고 천천히 구석으로 걸어가 남자의 앙상한 얼굴을 내려다보았다. 그리고 천천히 남자 곁에 드러누웠다. 남자가 고개를 가로저었다. 샤론의 장미가 이불 깃을 헤치고 유방 하나를 꺼내 놓았다.

"억지로라도 먹어야 해요."

샤론의 장미는 몸을 움직여 더 가까이 다가가서, 남자의 머리를 끌어당겼다.

"자요, 자! 어서요."

샤론의 장미는 두 손으로 남자의 머리를 받쳤다. 그런 다음 눈을 들어 헛간 안을 둘러보았다. 그녀는 입술을 굳게 다물었다. 그 입가에는 신비로운 미소가 떠올랐다.

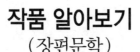

작품 알아보기
(장편문학)

〈분노의 포도〉는 1930년대 미국 불황기의 경제적 궁핍상을 소재로 한 장편 소설로, 1939년에 발표되었다. 계속되는 가뭄과 굶주림, 대자본의 토지 흡수로 인한 사회적 변동으로 고향에서 밀려나게 된 조드 일가는, 낡은 차에 가재도구를 싣고 꿈의 땅 캘리포니아로 떠난다.

하지만 캘리포니아에서 그들을 기다리고 있는 것은 농장주들의 착취와 기아, 그리고 질병뿐이었다. 결국 조드 네 가족은 뿔뿔이 흩어지게 되고, 아들 톰은 파업에 가담하면서 살인을 저지르게 된다.

이후 노동자들의 싸움에서 깨달음을 얻은 어머니는 좌절하지 않고 힘차게 살아 나갈 것을 다짐한다.

농장 노동자들의 비참한 생활상을 《구약성서》 중 〈출애굽기〉의 구성을 빌려 묘사한 서사시적인 이 작품은, 당시 미국 사회의 전반적인 움직임을 예리하게 포착해 내고 있다.

이 작품 속의 등장 인물들은 비참하고 가난한 생활 속에서도 생을 긍정하면서, 끝까지 살아남으려는 의지와 희망을 버리지 않는다.

게다가 당시의 사회적 상황을 파노라마 식으로 끼어 넣은 이야

작품 알아보기
(장편문학)

기 구성은 작품 전체에 웅대한 맛을 더해 주고 있다.
스타인벡은 불황기의 사회 속에서 고통받는 인간들의 생태를
대자연의 한 현상으로 파악했으며, 인간의 진정한 해방을 소박
한 사랑에서 찾으려고 하였다. 〈분노의 포도〉는 출판되었을 당
시, 사회적으로 큰 반향을 불러일으켰으며, 이 작품으로 그는
퓰리처 문학상을 수상했다.

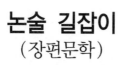

논술 길잡이
(장편문학)

❶ 아래 글을 읽고, 톰의 어머니가 삶에서 가장 중요하다고 여기는 것은 무엇인지 논술해 보자.

> "이 세상에서 우리에게 남은 게 뭐냐? 아무것도 없어. 다만 가족들뿐
> 이라고. 그런데 지금 너는 식구들을 갈라 놓으려고 하고 있어."
> "어머니, 우리는 곧 따라갈 거예요. 그러니 걱정하지 마세요."
> "혹시 네가 우리가 있는 곳을 지나쳐 버리면 어떻게 하니? 그러면
> 너는 어떻게 우리들을 찾겠니? 우리에게 필요한 것은 서로 떨어지지
> 않는 일이야. 우리가 함께 있으면 우리는 어떤 일도 두렵지 않다고."

논술 길잡이
(장편문학)

❷ 아래 그림은 조드 네 일가가 일거리를 찾아 캘리포니아로
떠나는 장면이다. 이들이 고향을 버리고 낯선 땅으로 떠날
수밖에 없었던 이유를 논술해 보자.

....

....

....

....

....

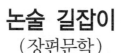

논술 길잡이
(장편문학)

❸ 다음은 조드 네 가족에게 누더기의 남자가 이야기를 들려주는 장면이다. 이 장면을 통해 알 수 있는 캘리포니아의 실정을 추측하여 써 보자.

> "이것 봐요. 그 사람은 그 광고지를 5천 장이나 찍었고, 아마도 2만 명은 그 전단지를 보았을 거요. 그리고 줄잡아 2,3천 명이 그 전단 때문에 떠났을 거고. 당신은 캘리포니아에 가면 그 전단을 찍은 놈을 만나겠지. 당신들말고도 여러 가구가 이렇게 길바닥에 캠프를 치고 있어요. 결국, 당신이 그 장소에 가면 아마 거기에는 천 명이 넘는 사람들이 있을 거요. 그런 굶주리고 배고픈 사람들을 이용해 품삯을 깎으려는 거라오. 이제 알겠소? 사람이 많이 모이면 모일수록, 배고픈 자가 많으면 많을수록 임금이 싸게 먹히는 거요. 나는 미친 듯이 일자리를 찾아다녔소. 하지만 결국, 아내와 아이들이 죽고 나서 거길 떠나왔죠."

....

....

....

논술 길잡이
(장편문학)

❹ 아래 그림은 조드 네 가족이 비를 피해 화차 캠프지의 방에 모여 있는 장면이다. 이들 가족의 심정은 어떠할지 상상하여 써 보자.

....

....

....

....

....

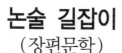

논술 길잡이
(장편문학)

❺ 아래 글을 읽고, 케이시는 톰에게 어떤 영향을 주었는지 논술해 보자.

> "어머니, 내가 식구들이랑 헤어진 후 누굴 생각하고 있는지 아세요? 바로 케이시예요. 그 곳에서 언젠가 케이시는, 자기의 영혼을 찾으러 광야로 갔대요. 그리고 자기는 엄청나게 큰 영혼의 일부라는 걸 깨달았대요. 자기가 갖고 있는 작은 영혼은 나머지 영혼과 합쳐져 전체가 되지 않으면 아무 소용이 없대요. 나는 이제 깨달았어요. 인간은 혼자서는 아무런 소용이 없다는걸요."

논·술·세·계·대·표·문·학 〈전60권〉

펴 낸 이	정재상
펴 낸 곳	훈민출판사
주 소	경기도 고양시 덕양구 원당동 416번지
대 표 전 화	(031)962-3888
팩 스	(031)962-9998
출 판 등 록	제395-2003-000042호

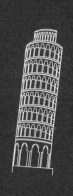